WISSENSCHAFTLICHE BEITRÄGE AUS DEM TECTUM VERLAG

Reihe Philosophie

WISSENSCHAFTLICHE BEITRÄGE
AUS DEM TECTUM VERLAG

Reihe Philosophie

Band 16

Ivan Stuppner

Formen der Einsamkeit bei Friedrich Nietzsche

Tectum Verlag

Ivan Stuppner

Formen der Einsamkeit bei Friedrich Nietzsche
Wissenschaftliche Beiträge aus dem Tectum Verlag:
Reihe: Philosophie; Bd. 16

ISBN: 978-3-8288-2555-0

ISSN: 1861-6844

Umschlagabbildung: © www.photocase.de/Bengelsdorf

Besuchen Sie uns im Internet
www.tectum-verlag.de

Bibliografische Informationen der Deutschen Nationalbibliothek
Die Deutsche Nationalbibliothek verzeichnet diese Publikation in der Deutschen Nationalbibliografie; detaillierte bibliografische Angaben sind im Internet über http://dnb.ddb.de abrufbar.

Dem Andenken von meinem Großvater Josef Schmid gewidmet

Inhalt

Vorwort

Das vorliegende Buch basiert auf meiner Diplomarbeit, welche ich im Sommersemester 2002 am Institut für Philosophie der Universität Wien eingereicht habe. Nach einer längeren Beschäftigung mit der Philosophie Friedrich Nietzsches habe ich mich damals entschlossen, dem Thema der Einsamkeit bei diesem Philosophen nachzugehen, da mir sein Ansatz als sehr ertragreicher Ausgangspunkt für die Auseinandersetzung mit dem Thema erschien. Durch die Einbeziehung unterschiedlicher Wissenschaften und Methoden sollte ein neuer und eigener Zugang zu diesem Thema geschaffen werden. Auf dem Kreuzpunkt von Philosophie, Psychologie und Literaturwissenschaft sah ich zu jenem Zeitpunkt die Möglichkeit gegeben, die Bedeutung der Einsamkeit bei Nietzsche zu erarbeiten. Von besagter Bedeutung der Einsamkeit bei Nietzsche bin ich nach wie vor überzeugt und möchte mit dieser Publikation dazu beitragen, den Stellenwert dieses Begriffes im Kontext der Philosophie weiter zu festigen. Die rege Auseinandersetzung mit der Einsamkeit in der Nietzscheforschung soll bereichert werden um einige übergreifende Interpretationen in diesem Werk, welche Zusammenhänge zwischen dem Leben und den philosophischen Überlegungen bei Nietzsche beleuchten können.

Die sechs Kapitel dieser Arbeit entsprechen ziemlich genau den ursprünglichen Kapiteln der Diplomarbeit, wenngleich ich einige Stellen überarbeitet habe. Einerseits habe ich versucht der Forschungsliteratur der letzten acht Jahre zum Thema der Einsamkeit bei Nietzsche Sorge zu tragen, in welcher einige bedeutende Belange näher erläutert wurden. Andererseits musste ich feststellen, dass manche meiner Interpretationen konkretisiert und ausgebaut werden mussten. Zu Dank verpflichtet bin ich hierbei vor allem dem Betreuer meiner Diplomarbeit Ao. Univ.-Prof. i.R. Dr. Helmuth Vetter, welcher mir sehr wichtige und hilfreiche Vorschläge zur Überarbeitung meines Werkes gegeben hat. Im Wesentlichen habe ich versucht, den einzelnen Hinweisen Sorge zu tragen, damit das vorliegende Werk an Kohärenz gewinnt. Danken möchte ich auch den Verlagsmitarbeitern für ihre Unterstützung und ihre Hilfestellungen in jeglichen Bereichen dieser Publikation.

Einleitung

In einer kulturwissenschaftlichen Darstellung aus dem Jahre 2000 zum Thema Einsamkeit, herausgegeben von Jan und Aleida Assmann, wurde der vierte Teil folgendermaßen betitelt: „IV. Die Einsamkeit des Schreibenden“[1]. Wie der Titel dieses Abschnittes andeutet, beinhaltet er eine Sammlung von Beiträgen zur Einsamkeit des Schreibenden. In diesem Sinne gehört auch dieses Werk zu den Schriftstücken, die in der Einsamkeit geschrieben werden, oder noch besser ausgedrückt, allein abgefasst werden. Aus der Einsamkeit des Schreibenden heraus wird über die Einsamkeit geschrieben und zwar nicht über irgendeine Einsamkeit, sondern über die Einsamkeit in einem philosophischen Kontext. Darunter ist einerseits die Philosophie selbst zu verstehen, welche die Grenzen dieser Untersuchung festlegt, andererseits ist der Philosoph Friedrich Nietzsche die zentrale Person, um die es gehen soll. Was hat aber das Phänomen der Einsamkeit mit der Philosophie zu tun? Worin besteht der Nexus zwischen der Einsamkeit und dem Denken? Im schon angeführten Buch zögert Tilman Borsche nicht, eine genaue Kennzeichnung des Verhältnisses von Einsamkeit und Philosophie zu geben: „Einsamkeit ist ein konstitutives Moment des Begriffs des Denkens“.[2]

Neben dem Schreiben ist also auch das Denken ein Element, welches man in Verbindung mit der Einsamkeit bringen kann. Wie schon angedeutet, bezieht sich dieses Werk ausschließlich auf die Einsamkeit Friedrich Nietzsches. Wieso gerade Nietzsche mit seiner Einsamkeit einer Untersuchung bedarf, soll selbsterklärend im Verlauf dieser Arbeit aufgezeigt werden. Es sind bei ihm seine verschiedenen Formen der Einsamkeit, die, mittels diverser Zugangsweisen und Abgrenzungen zu anderen Begriffen, ein interessantes Gesamtbild der Thematik der Einsamkeit in der Philosophie ergeben können und sollen. Diese Einsamkeiten bei Nietzsche, die selbst wieder auf einer Tradition, sei es literarischer oder philosophischer Natur, fußen, werden gemäß der Nietzscheforschung der letzten 100 Jahre zu dieser Thematik in Nietzsche zu einem Höhepunkt zugespitzt, der besonders für das 20. Jahrhundert von immenser Bedeutung war und bis in das 21. Jahrhundert hineinreicht.

Um diese Behauptung in ausreichendem Maß darstellen zu können, ist es notwendig, sich in einem ersten Schritt im ersten Teil des Buches zu fragen, inwiefern Nietzsche den Begriff Einsamkeit thematisiert und problematisiert hat. Dabei ist nicht zuletzt die Fragestellung

---

1 Assmann, Jan und Assmann, Aleida (Hrsg.): Einsamkeit. - München: Wilhelm Fink Verlag. 2000. (Archäologie der literarischen Kommunikation VI). S. 247.

2 Borsche, Tilman: Die Einsamkeit des Denkens. S. 45-58. In: a. a. O. S. 46.

unerlässlich, ob man überhaupt von einem „Begriff" der Einsamkeit bei Nietzsche sprechen darf. War Nietzsche an einer systematischen Ausarbeitung der Einsamkeit interessiert oder behandelte Nietzsche die Einsamkeit als reinen Ausdruck der Alltagssprache? Zum Begriff der Einsamkeit und ihren Synonymen kommt in diesem Zuge eine Vielfalt von Metaphern, die den Zustand der Einsamkeit markieren. Nietzsche verwendete verschiedene Bezeichnungen, um Orte der Einsamkeit und eine Hierarchie der Einsamkeit darzustellen. Sämtliche Bezeichnungen sollen nach der Abgrenzung des Begriffs der Einsamkeit in einem zweiten Kapitel vorgestellt werden, indem die Bedeutung jedes Ausdrucks und die Relationen zwischen den einzelnen Bezeichnungen verdeutlicht werden. An die Sammlung aller vorhandenen Ausdifferenzierungen der Einsamkeit schließt als dritter Punkt die Bewegung der Einsamkeit zwischen den vorhandenen Gegebenheiten bei Nietzsche in seiner Philosophie an, welche damit den letzten Punkt in der Darstellung und der Beschreibung der Einsamkeit bei Nietzsche bildet.

Der zweite Teil beschäftigt sich vorwiegend mit den diversen Interpretationen im Sinne der lateinischen *interpretatio*, die als Erklärung intendiert ist. Erklärt werden sollen die Zusammenhänge der Einsamkeit im Bezug zum Leben und zur Philosophie Nietzsches unter Berücksichtigung aller wichtigen Darstellungen in der Nietzscheforschung, die seit ihren Anfängen eine Reihe von Aufsätzen und Büchern zu diesem Thema vorgelegt hat. Die Ansätze sind von drei Wissenschaften ausgegangen: der Philosophie, der Psychologie und der Literaturwissenschaft. Dementsprechend werden die einzelnen Zugänge gegliedert, welche sich auf die Biographie, die Dichtung und das philosophische Werk Nietzsches beziehen. Diese drei getrennten Bereiche verschwimmen im Zusammenhang mit Nietzsche, wenn man das meiner Ansicht nach den Höhepunkt für die Einsamkeit bildende Buch „Also sprach Zarathustra" berücksichtigt. Selbst die Wissenschaften lassen sich in den Interpretationen zum Phänomen der Einsamkeit nicht klar trennen und so wird verlangt, dass diese Materie einen Zugang, der alle drei Wissenschaften mitberücksichtigt, umfasst, welcher von einer für die ganze Untersuchung geltenden Konklusion abgerundet werden soll.

Die Intention insgesamt ist, den Wert der Einsamkeit für Nietzsche in jeglicher Manifestation einzugrenzen und darzulegen. Besonders die Bedeutung der Einsamkeit im Denken Nietzsches muss hierbei hervorgehoben werden und als vielleicht bis heute etwas unterschätzter Faktor auf eine mit anderen Begriffen gemeinsame fundamentale Ebene der Philosophie Nietzsches gehoben werden. Dieser Versuch der Deutung des Begriffs der Einsamkeit für die Philosophie Nietzsches verlangt meiner Ansicht nach im Hinblick auf die Methode in erster Linie einen deskriptiven Zugang, der sich eingehend mit den von Nietzsche selbst in seinem Werk, seinem „Nachlass" und seinen Briefen gemachten Aussagen zum Thema der Einsamkeit beschäftigt. Zurückgegriffen wird dabei auf die kritische Studienausgabe der Werke und des Nachlasses von Nietzsche (KSA) sowie auf die kritische Studienausgabe der Briefe dieses Philosophen (KSB)[3]. Ergänzt werden die beiden Editionen um die gängigsten biographischen Darstellungen. Auf diesen deskriptiven Zugang muss ein denkerischer bzw. interpretatorischer Ansatz folgen, der die Bedeutung und die Zusammenhänge der Einsamkeiten untereinander und mit anderen Begriffen in der Philosophie Nietzsches verdeutlicht und festmacht. In diese Darstellung werden wie schon erwähnt auch die Interpretationen der Nietzscheforscher integriert, was aber immer mit Vorbehalt im Bezug auf die Editionsgeschichte von Nietzsches Werk geschieht. Besonders bei älteren Untersuchungen fällt dabei die im Gegensatz zu heute unterschiedliche und partielle Kenntnis der Schriften von Nietzsche ins Gewicht[4]. Wo es sinnvoll erscheint, werden auch allgemeine Werke zum Thema Einsamkeit aus Psychologie, Philosophie und Literaturwissenschaft in den Text eingearbeitet. Damit ist die Methode festgelegt und die Werke, welche verwendet werden, sind genannt.

Der Titel des Werkes gibt den engen Rahmen vor, in welchem das Thema behandelt werden soll: die Einsamkeit bei Friedrich Nietzsche. Dieser nur scheinbar enge Rahmen wird sich als relativ breiter Bereich entpuppen, der einige interessante Aspekte in die Nietzscheforschung, aber auch in die Einsamkeitsforschung einbringen soll.

---

3 Beide Ausgaben der Texte bzw. der Briefe Nietzsches werden im Gegensatz zur sonstigen Literatur im Text zitiert, wobei für die KSA jeweils der Titel der Schrift folgt, welcher in Form der Siglen aus der kritischen Studienausgabe (KSA: 14,21-24) angeführt wird, falls einer vorhanden ist, während immer die Bandangabe durch einen Beistrich von der Seitenzahl getrennt wird (z. B. Sigle: Band,Seitenzahl). In den Zitaten von Texten Nietzsches werden die vom Philosophen einmal unterstrichenen Ausdrücke in Kursivschrift wiedergegeben, während zweimal unterstrichene Bezeichnungen im Fettdruck angeführt werden.

4 Signifikant für eine solche Entwicklung ist der Fall der Edition des Werkes „Der Wille zur Macht", welche am Beginn der Nietzscherezeption zu den wichtigsten Werken zählte, selbst aber nur aus einer, mit den Jahren zunehmenden, Kompilation von Fragmenten aus Nietzsches Nachlass bestanden hat. *Vgl.* dazu Montinari, Mazzino: Vorwort zum Band 14 der KSA: 14,11ff.-14.

Teil I: Begriff, Metaphern und Bewegungen der Einsamkeit

1 Der Begriff der Einsamkeit

Wenn man sich mit einer Bezeichnung wie mit jener der Einsamkeit beschäftigt, so ist man permanent der Frage ausgesetzt, was die Einsamkeit mit der Philosophie zu tun habe. Kann man sich von dieser Frage mit einer Antwort etwas Distanz verschaffen, so steht man im nächsten Moment vor einem anderen Problem der Legitimation des Themas, nämlich der Frage, weshalb gerade Nietzsche sich für eine Einsamkeitsbetrachtung gut eignet und ob Nietzsche in seinem Denken der Einsamkeit überhaupt einen ausreichenden Stellenwert eingeräumt hat. Insofern der Befragte immer noch geneigt ist, die Einsamkeit bei Nietzsche untersuchen zu wollen, so kann er übergehen zu einer Begriffsbestimmung der Einsamkeit und damit beide Kritiken umgehen, indem er zu beweisen versucht, dass Nietzsche sehr wohl der Einsamkeit den Status eines philosophischen Begriffes beigemessen hat und auch zu einer systematischen Bearbeitung der Einsamkeit übergegangen ist. Beides wären Indizien für die legitime Möglichkeit der Behandlung des Themas bei Nietzsche, welche nicht so einfach von der Hand zu weisen ist.

Beim Ausdruck „Einsamkeit" stehen wir, wie bei einer Vielzahl von Wörtern in einer beliebigen Sprache, vor dem Faktum, dass dieser Ausdruck sowohl in der Alltagssprache, als auch in der Fachterminologie bzw. in der Metasprache einzelner Wissenschaften Eingang gefunden hat. Im Fall der Alltagssprache wird der Betrachter mit einer Bedeutungspalette dieser Bezeichnung konfrontiert, die sich vorerst in zwei Bereiche gliedern lässt. Der erste Bereich umfasst die Einsamkeit als Form eines Gefühls. Im gewöhnlichen Sprachgebrauch des Deutschen ist der folgende Satz durchaus zulässig: „Ich fühle mich einsam." Mit diesem Satz ist ganz klar ausgedrückt, dass der Sprachbenützer eine Bezeichnung seines Einsamkeitsgefühls intendiert hat. Damit ist eine Schwierigkeit bei der Einsamkeit eingeführt. Denn sollte die Einsamkeit nur ein reines Gefühl darstellen, wäre für eine philosophische Betrachtung eine im ersten Moment sehr vage Basis als Ausgangspunkt gewählt. Vage insofern, als dass die Gefühle allgemein subjektive Empfindungen für das einzelne Individuum darstellen und ihnen darum nur eine subjektive und relationale Bedeutung zugeschrieben werden kann.

Interessant in diesem Zusammenhang sind jedoch Überlegungen von Martin Heidegger, welcher in seinem ersten Nietzsche-Band gerade auf die Bedeutung von Affekt, Leidenschaft und Gefühl eingeht. Ausgangspunkt hierfür sind Aussagen von Nietzsche zum Willen zur Macht, den dieser sowohl als Affekt, Leidenschaft, aber auch als Gefühl bezeichnet hat. Heidegger unterscheidet dabei die Leidenschaft als „hellsichtig sammelnden Ausgriff in das Seiende" vom Affekt als dem „blindlings aufregenden Anfall". In Zusammenhang dazu steht das Gefühl:

„Ein Gefühl ist die Weise, in der wir uns in unserem Bezug zum Seienden und damit auch zugleich in unserem Bezug zu uns selbst finden […]. Im Gefühl eröffnet sich und hält sich der Zustand offen, in dem wir jeweils zugleich zu den Dingen, zu uns selbst und zu den Menschen mit uns stehen."[5] In diesen Aussagen zeigt sich eindeutig die Relevanz des Gefühls in einer philosophischen Diskussion des Themas. Heidegger entwickelt nun über diese Erörterung der drei Begriffe: Leidenschaft, Affekt und Gefühl eine Antwort auf die Frage, weshalb Nietzsche diese synonym für den Willen zur Macht einsetzt. Für Nietzsche ist nach Heidegger der Wille etwas Fundierendes, etwas Ursprüngliches in Hinblick auf die genannte Trias. Somit muss festgestellt werden, dass diese erste Bedeutung von Einsamkeit durchwegs von philosophischer Relevanz ist.

Wichtige Hinweise im Zusammenhang mit der Begriffsdefinition zur Einsamkeit versucht Matthias Donath in seinem Text „Begreifen, Bewerten, Behandeln von Einsamkeit" zu geben:[6] In dieser mehr soziologisch-psychologisch angelegten Studie verweist der Autor auf die Differenzierung zwischen dem Bezeichnenden des Einsamkeitsbegriffs und dem von ihm Bezeichneten. Vor allem Letzteres ist bedeutsam, insofern ein einheitliches Gefühl der Einsamkeit nicht existent zu sein scheint. Der Autor beschreibt das Einsamkeitsgefühl als: „[…] bei jeder Persönlichkeit individuell und einzigartig herausgebildete[n] Einklang vielfältigster emotionaler Schwingungen zu einer spezifischen Grundstimmung."[7] Von dieser Warte aus muss die Einsamkeit also als ein Bündel, als eine Matrix von verschiedenen variablen Zuständen deklariert werden.

Wenn wir nun weg vom Gefühl hin zu einer zweiten Bedeutung der Einsamkeit kommen wollen, so ist diese gegeben, wenn jemand von sich selbst sagt: „Ich bin einsam." Hierbei drückt er aus, dass er sich im Zustand der Einsamkeit befindet. Selbstverständlich können wir diesen Fall ebenso als Bezeichnung für einen Gefühlszustand verstehen; wir können aber auch eine Beziehung des Sprachbenützers zu einem Seinszustand vermuten, in welchem sich gerade das Einsamsein äußert. Hier haben wir einen Aspekt der Einsamkeit, welcher im Einsamsein als Seinszustand anzuerkennen ist und den Bereich der Philosophie interessieren könnte. Antizipierend muss gesagt werden, dass dieser Punkt bei Nietzsche eines der wesentlichen Merkmale der Einsamkeit im Gegen-

---

5 Heidegger, Martin: Nietzsche. Band 1. GA 6/1. – Frankfurt am Main: Vittorio Klostermann GmbH. 1996. S. 45 und 48.

6 *Vgl.* Mettler-von Meibom, Barbara (Hrsg.): Einsamkeit in der Mediengesellschaft. – Münster: Lit-Verlag. 1996, S. 15-32.

7 *Vgl.* a.a.O. S. 17.

satz zu anderen Bedeutungen der Einsamkeit ausmacht. Beide Bedeutungen – das Gefühl und der Seinszustand – gehören trotzdem sehr eng zusammen und lassen sich, wie Octavio Paz in seiner „Dialéctica de la Soledad" schreibt, nur schwer voneinander trennen: „Todos los hombres, en algún momento de su vida, se sienten solos; y más: todos los hombres están solos"[8]. Jegliches menschliche Wesen wird von Paz sowohl zum Einsamkeitsfühlenden als auch zum Einsamseienden gezählt. Am *sentir* und am *estar* wird jeweils der Einsamkeitsmodus festgemacht und erscheint uns damit als Ambivalenz der Einsamkeit, welche beides im selben Moment zu sein scheint. Die Relation von Einsamkeitsgefühl und von Einsamkeitszustand realisiert sich besonders in der Verwendung des Ausdrucks in den Wissenschaften.

Um in der Reflexion nicht abzubrechen, soll nun neben dem bisweilen undifferenzierten Gebrauch des Wortes „Einsamkeit" im Alltag, die Bedeutung der Einsamkeit in den Wissenschaften hervorgehoben werden. In der Psychologie – der Wissenschaft, welche sich am eingehendsten mit der Einsamkeit beschäftigt hat –, wird meiner Ansicht nach nicht unbedingt nach dem Kriterium des Gefühls und des Zustandes unterschieden, sondern konkret über den beiden Ausdrücken eine Definition angestrebt, wie sie etwa Reinhold Schwab konstruiert:

> „Einsamkeit ist das quälende Bewußtsein eines inneren Abstands zu den anderen Menschen und die damit einhergehende Sehnsucht nach Verbundenheit in befriedigenden, sinngebenden Beziehungen"[9].

Die Rede ist hier also von einem Bewusstseinszustand, der als negatives Empfinden überwunden werden will. Wir nähern uns mit dieser Definition Schritt um Schritt endlich der begrifflichen Fassung der Einsamkeit, da in der Definition schon eine Eingrenzung vollzogen wird, in welcher der zu definierende Begriff von einer übergeordneten Warte aus deklariert und bestimmt wird. In der Definition wird vermittels der Merkmale eines Begriffs dessen Bedeutung eingegrenzt und von anderen Begriffen wohlunterschieden.

Bei der philosophischen Begrifflichkeit spielt neben der Eingrenzung aber auch die Abgrenzung eines Begriffs von anderen Begriffen eine bedeutende Rolle. Diese Behauptung soll nicht so verstanden werden, dass nur in der Philosophie die Abgrenzung als Form der Begriffsbestimmung verwendet wird. Gerade beim Begriff der Einsamkeit wurde in der Psychologie dazu wesentliche Vorarbeit geleistet, als die Ein-

---

8 Paz, Octavio: El laberinto de la soledad. - México: Fondo de Cultura Económica. 1959. S. 175.

9 Schwab, Reinhold: Einsamkeit. Grundlagen für die klinisch-psychologische Diagnostik und Intervention. - Bern: Verlag Hans Huber. 1997. S. 22.

samkeit vom Alleinsein abgegrenzt wurde.[10] Das Alleinsein ist der objektive Zustand des Abgesondertseins eines Individuums, welcher gegen den inneren Abstand zu den Menschen in der Einsamkeit gestellt wird.[11] An diesem Punkt angelangt, ist es sinnvoll, Nietzsche mit seinen Versuchen der Abgrenzung des Begriffs Einsamkeit in die Überlegungen einzubringen. Nietzsche war, so scheint es zumindest, sein ganzes Leben lang bestrebt, die Einsamkeit zu den verschiedensten Aspekten in Beziehung zu setzen und in diesem Zuge eine Grenze zwischen den einzelnen Aspekten zu schaffen. Er zögert dabei nicht, eine Entwicklung des Verhältnisses von Einsamkeit mit anderen Begriffen zuzulassen. In Betrachtung kommen dabei Begriffe wie Freundschaft, Gesellschaft und Vielsamkeit in Relation zum einsamen Individuum oder das Schweigen und die Heiterkeit als Ausdruck der Einsamkeit. Alle diese Möglichkeiten der Abgrenzung sind bei Nietzsche unterschiedlich konnotiert und werden im zweiten Teil des Buches ausgearbeitet, während sie hier nur anzeigen sollen, dass Nietzsche die Begriffsbildung bei der Einsamkeit in Angriff genommen hat.

Sehr gut lässt sich am Beispiel von Nietzsches Dichotomie Einsamkeit/Verlassenheit exemplifizieren, was sich Nietzsche unter einer Abgrenzung vorstellt. Nietzsche sieht im Gegensatz zur Psychologie keinen großen Unterschied zwischen Einsamkeit und Alleinsein, vielmehr kommen bei ihm beide Begriffe als Synonyme vor.[12] Nietzsche nimmt diesen von der Psychologie gemachten Unterschied in einer strengen Scheidung der Begriffe Einsamkeit und Verlassenheit auf, wobei er nicht in objektive und subjektive Zustände kategorisiert, sondern zwischen positiven und negativen Vorgängen eine Trennung einführt. Dazu soll gesagt werden, dass im Bezug auf das Wortfeld der Einsamkeit bei Nietzsche zur Synonymie von Einsamkeit und Alleinsein, die Synonymie von Verlassenheit und Vereinsamung eingeführt werden muss. Der Unterschied zwischen den beiden Begriffspaaren hat im „Also sprach Zarathustra" seinen klaren Niederschlag gefunden, wenn Zarathustra in

---

10 Diese Unterscheidung geht nach Renate Möhrmann auf eine Trennung der beiden Bezeichnungen durch Johann Georg Zimmermann zurück, welcher im Jahre 1785 ein vierbändiges Werk mit dem Titel „Ueber die Einsamkeit" veröffentlichte. *Vgl.* Möhrmann, Renate: Der vereinsamte Mensch. Studien zum Wandel des Einsamkeitsmotivs im Roman von Raabe bis Musil. 2., durchgesehene Ausgabe. - Bonn: Bouvier Verlag Herbert Grundmann. ^{2}1976. S. 16f. *Vgl.* auch Mettler-von Meibom, Barbara: Ebenda. S. 19f.

11 *Vgl.* Schwab, Reinhold: Ebenda. S. 24.

12 Theo Meyer bemerkt, dass Nietzsche gelegentlich sogar die Vereinsamung, die Einsamkeit und das Alleinsein synonym verwendet. *Vgl.* Meyer, Theo: Das Problem der Einsamkeit. S. 41-84. In: JTLA (Journal of the Faculty of Letters, the University of Tokyo, Aesthetics). Band 15. - Tokyo: 1990. S. 42.

seiner *Heimkehr* sagt: „Ein Anderes ist Verlassenheit, ein Anderes Einsamkeit". (Za III: 4,231). Diese Abgrenzung wird um einiges präziser von Nietzsche in seinen Notizen vom Herbst 1883 angemerkt:

> „§ Weißt du noch oh Zarathustra wie du zum ersten Mal unter M<enschen> warst im Walde, wie die Vögel über dir schrien, wie du die *große Verlassenheit* fühltest
> 2) die große *Verlassenheit* unter Gefährten, als du des Schenkens müde wurdest
> 3) die große *Verlassenheit* der stillsten Stunde
> Zum Unterschied von der Einsamkeit."
>
> (KSA: 10,583)

Man versteht, dass es sich bei der Einsamkeit in diesem Fall um ein positives Alleinsein handelt, während die Verlassenheit die Vereinsamung kennzeichnet. Dieses Beispiel demonstriert sehr gut, dass Nietzsche die Einsamkeit als Begriff bewusst ist und ihm die Auseinandersetzung mit der Einsamkeit ein Anliegen bedeutete.

Die Begriffsbildung alleine und die Verwendung des Begriffs Einsamkeit in den philosophischen Werken Nietzsches genügen aber noch nicht, um die Relevanz der Einsamkeit für Nietzsches Denken festzumachen. Wir müssen einen Schritt weitergehen und uns fragen, ob Nietzsche eine systematische Bearbeitung des Themas „Einsamkeit" angestrebt hat. War Nietzsche die Einsamkeit ein philosophisches Anliegen? Meiner Meinung nach kann dies anhand der Vorarbeiten zum „Also sprach Zarathustra" verdeutlicht werden, da dort zwei große systematische Versuche zu finden sind, die die Einsamkeit zu fassen versucht haben. Die erste Verdeutlichung erfährt die Einsamkeit in einer Festlegung derselben in Bezug zu anderen Faktoren, welche wie die Kennzeichnung des Verhältnisses von Einsamkeit und Verlassenheit aus dem Herbst 1883 herrührt und die Planung des dritten Teils von Zarathustra beinhalten sollte. Da es sich dabei um eine sehr interessante Aufzählung handelt, sei sie hier in ihrer vollen Länge zitiert:

> „Plan zu Zarathustra 3.
> Die Einsamkeit in Scham und Schweigen vor dem größten Gedanken. Den Thieren ausweichend
> Die <Einsamkeit> eines einzigen Willens, der vor Jedermann sich verbirgt, der aber Jedermann erhebt
> Die Einsamkeit
> ohne Freunde, ja mit dem Gefühle, sie geopfert zu haben.
> Die Einsamkeit, der alle *Trost*gründe abhanden gekommen sind, *Hohnlied* auf allen bisherigen Pessimismus (weit über alle bisherigen Denkweisen hinaus).
> Die Einsamkeit und die Versuchungen. *Hohnlied* auf die bisherigen Fluchtversuche der Religion

Die Einsamkeit der höchsten Verantwortlichkeit. *Hohnlied* auf Socialisten und Jesuiten und Epicureer.
Die Einsamkeit jenseits der Moral, in den ewigen Perspektiven. Überwindung der großen Natur durch den Menschen. Lied des Fliegenden.
Die Einsamkeit des Kranken. Trostlied. Müde- und Stillwerden. Geheiligt durch
Leiden. Der Wille zum Leiden und zur Vertiefung des Leidens."

(KSA: 10,598 und früher in etwas abgewandelter Form 10,521f.)

Diese Aufzählung begreift die Einsamkeit in einer systematischen Art und Weise und vollzieht ein Kreisen um den Begriff der Einsamkeit, um in sein Zentrum vordringen zu können. In dieser Form des Auslotens des Begriffs „Einsamkeit" zeigt sich meiner Ansicht nach gut, wie die Behandlung der Einsamkeit bei Nietzsche einen Sinn haben kann und, aber das wird erst im weiteren Verlauf dieser Arbeit erkennbar, haben muss.

Ein anderes Beispiel gibt uns Nietzsche im Zusammenhang mit der Definition der einzelnen Personen im Zarathustra, die aus verschiedenen Gründen in die Einsamkeit gehen wollen. Nietzsche spricht dabei von der Person des Unsteten, dem Heimatlosen, dem Wanderer, aber auch dem Sohn des Volkes, dem Dichter und dem hässlichsten Menschen, die alle aus diversen Gründen die Einsamkeit der Vielsamkeit vorziehen (*vgl.* KSA: 11,362). Dabei fallen folgende Aspekte der Einsamkeit ins Gewicht: die Einsamkeit als Ort der Erkenntnis, als Versuch, die Gesellschaft vor sich selber zu schützen und als Mittel sich zu verbergen. Diese Anführung der einzelnen möglichen Ursachen, die Einsamkeit zu wählen, zeigt deutlich den Weg, den Nietzsche im Durchdenken der Einsamkeit zurücklegt. Einer bloßen Verwendung des Ausdrucks Einsamkeit in einem alltäglichen Gebrauch kommt diese Aufzählung sicher nicht gleich und lässt sogar die Vermutung zu, welche Nietzsche selbst in seinem „Ecce Homo" bestätigt, in welchem er den Zarathustra als „Dithyrambus auf die Einsamkeit" (EH: 6,276) definiert, dass Zarathustra ein Werk war, welches vorwiegend der Behandlung der Einsamkeit diente. Ausführlicher wird dieses Faktum im zweiten Teil dieses Buches erklärt werden.

Nietzsche selbst hat also zeit seines Lebens versucht die Einsamkeit als Begriff zu kontextualisieren. In diesem Kapitel und den darin gemachten Ausführungen kann schon erkannt werden, dass die Einsamkeit in ihrer Gesamtheit ein durchwegs komplexer Seinszustand, ein Bündel aus Gefühlen und Erfahrungen darstellt. Wir können davon ausgehen, dass es sich um eine Form der Distanz handelt: der körperlichen Distanz, zu der sich eine geistige Distanz zum Anderen gesellt. Immer aber ist es die Einsamkeit von etwas, d.h., der Andere ist notwendig und sei es nur für die Abgrenzung in der Einsamkeit von ihm. Einsamkeit ist ein bewusster Zustand des Individuums, in dem dieses sich befindet. Einsamkeit kann in diesem Sinne nur dann vorhanden sein, wenn das betroffene Individuum diese auch wahrnimmt. Eine „unbewusste" Einsamkeit wäre hierbei nur eine Einsamkeit, die vom Anderen für das Individuum wahrgenommen worden ist. Demgemäß ist aber auch die vom Individuum wahrgenommene Grenze zur Welt und zu den anderen Menschen als Barriere von diesem erkennbar.

Nun kann zum Schluss dieser begrifflichen Klärung noch der Unterschied zwischen einer dem Individuum widerfahrenden Einsamkeit und einer selbst gewollten Einsamkeit getroffen werden. Erstere Form der Einsamkeit ist in diesem Sinne eine Einsamkeit, der man ausgesetzt ist, die als negatives Gefühl, als ungewollte Erfahrung empfunden wird, während die gewollte Einsamkeit einen aktiven Prozess des subjektiven Rückzuges beinhalten muss, welchem sich ein Individuum unterwirft. Diese letztere Form der Einsamkeit wäre somit mit dem gleichzusetzen, was antike Tugendlehren propagierten. Insofern wir unter der Tugend ein Handeln, welches zum Guten führt, verstehen, so kann einer der Beweggründe des Rückzuges in die Einsamkeit genau in diese Richtung intendiert sein. Martin Heidegger hat diesen Bezug in der Frage nach dem Wesen des Menschen in Korrelation mit der Gesellschaft als bedeutsamen Faktor erkannt: „Es gibt Dinge, die für eine Gemeinschaft wesentlich und entscheidend sind, und gerade diese Dinge erwachsen nicht in der Gemeinschaft, sondern in der beherrschten Kraft und Einsamkeit eines einzelnen."[13] Hier zeichnet sich genau dieser Aspekt ab, der die gewollte Einsamkeit zu einer Form von Tugend werden lässt. Im Verlauf dieser Untersuchung wird aufzuzeigen sein, dass auch Nietzsche die gewollte Einsamkeit als positive Einsamkeit geradezu wie eine Tugend versteht.

Die allgemeine Untersuchung des Begriffs „Einsamkeit" im Kontext der Alltagssprache und der Wissenschaften hat uns zur Begrifflichkeit bei Nietzsche geführt, die durch das Aufzeigen der systematischen Bearbeitung zum Thema Einsamkeit bei Nietzsche eine Antwort zu den eingangs gestellten Fragen nach der Legitimation der Einsamkeitsproblematik verkörpern kann. Der Ausgangspunkt bzw. der feste Untergrund wird damit gebildet, um eine Untersuchung der Einsamkeit bei Nietzsche zu beginnen. Das schlussendliche Rekurrieren auf die Einsamkeit als Tugend wird dann vor allem im dritten Kapitel näher im Zusammenhang mit den einzelnen Formen der Einsamkeit zu klären

13 Heidegger, Martin: Logik als Frage nach dem Wesen der Sprache. GA 38. – Frankfurt am Main: Vittorio Klostermann GmbH. 1998. S. 51.

sein. Vorerst jedoch ist es sinnvoll, systematisch die einzelnen Metaphern der Einsamkeit bei Nietzsche auszuarbeiten und in ein Verhältnis zueinander zu stellen. Dies geschieht im nächsten Kapitel.

2 Die Metaphern der Einsamkeit

Wieso kann es in einer philosophischen Untersuchung wichtig sein, Metaphern zu untersuchen? Wird doch die Metapher wegen ihrer immanenten Bildhaftigkeit für gewöhnlich in einem literarischen Kontext angesiedelt, der abseits von einem rationalen Diskurs verankert ist. Metaphern sind ja grundsätzlich Bedeutungsverschiebungen, die auf einen Begriff/Gegenstand verweisen, indem sie Ähnlichkeiten über eine Analogie evozieren, d.h., der Begriff/Gegenstand ist in erster Linie nicht über einen direkten Weg, sondern über den Umweg der Ähnlichkeit zu erfassen. Die Philosophie versucht jedoch in der Hauptsache über die Begriffe den Gegenständen, sprich dem Seiende, habhaft zu werden. In der Tat ist dieser Umstand in einigen philosophischen Strömungen als Hindernis für die Integration von Metaphern in einen philosophischen Diskurs verstanden worden. Trotzdem bietet sich in der Betrachtung der Werke von Friedrich Nietzsche eine wohl geradezu notwendige Beschäftigung mit den Metaphern in seinem Denken an, da sich Nietzsche wie wenig andere Philosophen vor ihm bewusst war, dass die Wahrheit selbst wie überhaupt alles Sprachliche eigentlich in letzter Instanz rhetorisch/poetisch zu fassen sei. Um diesen Zusammenhang erklären zu können, bedarf es einer etwas eingehenderen Erklärung.

Ein äußerst relevantes Merkmal dieser genannten Bildhaftigkeit in Nietzsches Sprache lässt sich gut erklären, wenn ich die Ausführungen von Nietzsche in der nachgelassenen Schrift „Ueber Wahrheit und Lüge im aussermoralischen Sinne“ und die überaus tief greifende Studie von Anne Tebartz-van Elst heranziehe. Der genannte Text von Nietzsche gibt uns Kenntnis davon, dass Nietzsche schon in der Anfangszeit seines Schaffens – der Text entstand im Sommer 1873 auf der Basis von Aufzeichnungen des Jahres 1872 –, eine Erkenntnis ins Zentrum seiner philosophischen Überlegungen stellt, nämlich, dass dem Menschen der „Trieb zur Metaphernbildung“ geradezu als ein „Fundamentaltrieb“ zu eigen ist. Würde man diesen Trieb in Abrede stellen, so würde man laut Nietzsche „den Menschen selbst wegrechnen“ (WL: 1,887). In letzter Konsequenz bedeutet dies, dass jegliches sprachliche Konstrukt im Ursprung metaphorischer Natur war. Folglich ist auch das, was man allgemein als Wahrheit betrachtete, in dieser Sichtweise eine metaphorische Konstruktion. Hier möchte ich die sehr häufig zitierte, wohl inzwischen auch berühmte Passage anführen, die aber im Wesentlichen genau diesen Umstand charakterisiert:

> „Was ist also Wahrheit? Ein bewegliches Heer von Metaphern, Metonymien, Anthropomorphismen kurz eine Summe von menschlichen Relationen, die, poetisch und rhetorisch gesteigert, übertragen, geschmückt wurden [...] Wahrheiten sind Illusionen, von denen man vergessen hat, dass sie

welche sind, Metaphern, die abgenutzt und sinnlich kraftlos geworden sind." (WL: 1,880f.)

Wenn nun also auch die Wahrheit als aus Metaphern wahrgenommenes Konstrukt verstanden wird, so wird klar, dass der Schritt hin zum Explizit-Machen dieses Umstandes über die bewusste Verwendung von Metaphern in den eigenen philosophischen Ausführungen für Nietzsche eine daraus resultierende Möglichkeit war.

Dass für Nietzsche dieser Umstand zum tragenden Element seines Denkens wird, zeigt in noch viel eingehender Art und Weise Anne Tebartz-van Elst auf. Sie sieht die Metapher bzw. den metaphorischen Prozess bei Nietzsche wie folgt:

„1) Die Übertragung eines Nervenreizes in ein Bild ist eine Metapher.

2) Die Übertragung eines Bildes in einen Laut ist eine Metapher.

3) Die Übertragung innerer Formen, Empfindungen und Bilder in die Sphäre des Objektiven, die Nietzsche auch als Übergang vom Individuellen zum Allgemeinen betrachtet, ist metaphorisch."[14]

Schon in dieser Dreiteilung des metaphorischen Prozesses zeigt sich, dass im eigentlichen Sinne der „Prozess des Aufbaus der Welt als in Analogie zum metaphorischen Prozess" beschreibbar wird und somit Bestandteil einer Theorie der Rationalität sein muss.[15] Nietzsche wendet diesen metaphorischen Prozess dann auf die Erkenntnis selbst an, in welcher dieselben Mechanismen zum Tragen kommen, wie dies bei der Metapher der Fall ist. Erkenntnis ist somit der Vorgang, in dem „etwas Fremdes auf etwas Bekanntes, Vertrautes zurückgeführt wird"[16] – in dem also die Verschiebung eines Begriffs in Bezug auf andere Begriffe/Gegenstände hervorgehoben wird. Damit nimmt Nietzsche die Metapher als vollwertiges Mittel zur Erkenntnis in die Suche nach der Wahrheit – für ihn darum auch als perspektivische Wahrheit zu verstehen – hinein, was für die Betrachtung der Einsamkeit ebenso relevant sein muss, da gerade in der Vielzahl von verwendeten Metaphern immer wieder die Frage eingekreist wird, was denn nun die Einsamkeit bei Nietzsche sei.

Gerade dieser Umstand in Bezug zu Nietzsches bildhafter Sprache, die mit den Jahren des Lebens von Nietzsche zunimmt und im Werk über Zarathustra ihren Höhepunkt erreicht, muss Ausschlag geben für

---

14 Tebartz-van Elst, Anne: Ästhetik der Metapher. Zum Streit zwischen Philosophie und Rhetorik bei Friedrich Nietzsche. – Freiburg/München: Verlag Karl Alber. 1994. S. 105f.

15 Vgl. a.a.O. S. 109.

16 A.a.O. S. 175.

die Auseinandersetzung mit besagter Metaphorik. Der immanent literarische Charakter mancher Werke ist dabei nicht von der Hand zu weisen, weshalb sich z. B. Zarathustra mitunter sogar in literaturgeschichtliche Überblickswerke als literarische Manifestation, was bei philosophischen Abhandlungen sonst eher ungewöhnlich ist, einschleicht. Nietzsche selbst propagiert in seinen Vorworten, die er zur zweiten Auflage seiner Werke Ende 1886 und Anfang 1887 schrieb, eine genaue Lektüre seiner Texte. Der Leser wird dazu angehalten, die Werke langsam und präzise zu untersuchen. In der „Morgenröte" stellt Nietzsche diese Form der genauen Lektüre als die Philologie vor: „Meine geduldigen Freunde, dies Buch wünscht sich nur vollkommene Leser und Philologen: *lernt* mich gut lesen!" (M: 3,17). Eine präzise Lektüre seiner Texte kann in diesem Sinne eine Wort-für-Wort-Analyse inkludieren. Uns bietet sich dafür die konkrete Betrachtung einer Vielzahl von Metaphern an, in welchen sich die Einsamkeit als positiver oder negativer Zustand äußert. Diese Metaphern tauchen gemäß der Biographie Nietzsches von Werner Ross um das Jahr 1875 erstmals auf und verschwinden erst in der geistigen Umnachtung des Philosophen[17].

Schlussendlich muss wohl auch die Feststellung von Luisa Bonesio angeführt werden, die darauf hinweist, dass die bessere Verständlichkeit vom Dargestellten anhand von Metaphern ein Anliegen Nietzsches war. Am Beispiel der Höhe durch Metaphern bzw. Bilder bei Nietzsche verdeutlicht Bonesio diesen Umstand: „Nietzsche ricorre a metafore e immagini che simbolizzano il distanziamento, l'innalzamento rispetto alle prospettive consuete, verso un punto di vista più elevato e quindi maggiormente comprensivo"[18]. Die Verständlichkeit und die Differenzierung vom Begriff Einsamkeit, aber definitiv auch der erkenntnistheoretische Wert der Metapher bei Nietzsche müssen als Gründe angeführt werden, welche die Betrachtung der Metaphern bei Nietzsche notwendig machen.

Den Anfang soll dabei die *Verortung der Einsamkeit* bilden. In der Nietzscheforschung wurde in verschiedenen Zusammenhängen zur Genüge darauf verwiesen, dass Nietzsche zeit seines Lebens gewisse Orte in und für sein Denken integriert bzw. auserkoren hat. Vorder-

---

17 „*Der Eishauch, die Wüste, die Einsamkeit,* - alles, was uns aus den Klagen des späteren Nietzsche geläufig ist - im Winter des beginnenden Jahres 1875 meldet es sich als Leitmotiv". In: Ross, Werner: Der ängstliche Adler. Friedrich Nietzsches Leben. - Stuttgart: Deutsche Verlags-Anstalt. 1980. S. 425.

18 Bonesio, Laura: L'azzurra solitudine. Per un'analisi dei motivi del cielo e del mare nell'ultimo Nietzsche. S. 242-257. In: Nietzsche - Verità - Interpretazione. Alcuni esiti della rilettura a cura di Aldo Monti. - Genova: Editrice Tilgher-Genova. 1983. (Convegno di Rapallo, 2.-4.XII.1981). S. 244.

gründig als Inspirationsquelle für diese Orte können wir die realen Orte verstehen; reale Orte wie jene für die Jahre nach der Basler Professur: z. B. Sils-Maria im Oberengadin und Nizza. Diese beiden Orte sind seine Anhaltspunkte, zwischen denen er hin- und herpendelt und in denen er Zuflucht sucht vor der Vielsamkeit sowie vor der Gesellschaft. Vorher war das Landhaus in Tribschen ein Ort, wo Nietzsche sich in die einsame Obhut von Richard und Cosima Wagner begab, um die nötige Muße für seine Tätigkeiten zu finden. Bisweilen war für ihn sogar Basel ein Ort der Ruhe und Einsamkeit (*vgl.* KSB: 4,194). Wir können bei diesen realen Orten aber nicht länger verweilen, denn viel wichtiger ist uns hier das Denken der idealen Orte, welche Nietzsche in seinen Texten entwirft. Deshalb ideale Orte, weil sie zwar Anklänge an die Realität zulassen, aber vorwiegend Zustände oder Orte bloß symbolisieren, an denen sich stereotype Ereignisse vollziehen[19]. Uns interessieren hier insbesondere jene Orte, die als kodifizierte Einsamkeitszustände zu verstehen sind.

2.1 Die Wüste

Ich beginne nicht mit der schon bei Bonesio erwähnten Höhe, sondern in der Ebene mit der Metapher der „Wüste". Aus der Fülle der vorhandenen Textbelege greife ich nur einige wichtige Beispiele heraus, um die Entwicklung der Wüste im Hinblick auf die Einsamkeit im Denken Nietzsches zu demonstrieren. In der europäischen Tradition ist die Wüste durch das Christentum, insbesondere durch die Figur des Jesus Christus zu einem Symbol geworden, das für die Menschen Einsamkeit in sich birgt. Jesus geht 40 Tage zur Läuterung in die Wüste (Bibel - Mt: 4,1f.) und wird damit zum Vorbild für eine ganze aus Eremiten und Anachoreten bestehende Bewegung, die ihre Einsamkeit, welche eine Einsamkeit mit Gott ist, in der Wüste suchte. Nietzsche greift dieses Motiv auf und wandelt es je nach Bedarf zu einem Ausdruck der negativen Einsamkeit oder der positiven Einsamkeit ab. Den Kontext der christlichen Tradition bringt Nietzsche in einem Brief an seinen Freund Overbeck im Dezember 1873 vor, wo er in einer Selbstcharakterisierung sich äußerlich als brave Uhle und innerlich als Raubtier darstellt, als Genosse von Wüstenkönigen, worauf folgt: „Wirklich, ich rede bereits jüdisch-biblisch, psalmenhaft". (KSB: 4,186). Die Wüste der Christen und heiligen Ein-

19 Der Biograph Curt Paul Janz leitet von Nietzsches Myopie ab, dass Nietzsches „Schwärmerei für Gebirgstäler oder das Meer [...] immer etwas fragwürdig" wäre (*vgl.* Janz, Curt Paul: Friedrich Nietzsche. Biographie in drei Bänden. 2., revidierte Auflage. Band 1. - München/Wien: Carl Hanser Verlag. 21993. S. 516). Die Landschaftsschilderungen in der Realität haben also nicht außergewöhnliche Formen angenommen. Darum sind die idealisierten Räume für eine Untersuchung ergiebiger.

siedler verwendet Nietzsche in den meisten Fällen pejorativ, um damit den falschen Ort für die Einsamkeit und ein schändliches Verhalten anzuführen. Das Gesindel in der Wüste (*vgl.* Za II: 4,124f.), der „Wüsten-Heilige" (Za IV: 4,363) bzw. der „Wüsten-Typus" (KSA: 13,127) verkörpern das Böse und das Negative in der Wüste.

Die Wüste ist aber nicht nur der heilige Ort der Katharsis, den Nietzsche umwertet zum Ort des Bösen; nein, die Wüste kann auch einen Wandel zur positiven Örtlichkeit vollziehen. Der Wanderer ist jenes Individuum, das die Wüste als Ort betreten darf, ohne einen größeren Verlust davonzutragen; liegt es doch in seinem Wesen, dass der Wanderer die Wüste wieder verlassen wird. Der Wanderer muss nach Nietzsche immer zugleich als Charakterisierung des Philosophen gedacht werden. Im ersten Buch des „Menschlichen, Allzumenschlichen" erklärt Nietzsche sehr genau, wie der Wanderer in einer Wüstenstadt zuerst „verwüstet", dann aber sich lösen kann von der Wüste und zum „freien Geist" wird (*vgl.* MA I: 2,363). In der Wüste erlebt der Wanderer seine Verwandlung, wozu ihm die Einsamkeit dort nötig ist. Nietzsche führt dieses In-die-Wüste-Gehen aus, indem er erklärt: „Unter Vielen lebe ich wie Viele und denke nicht wie ich [...]. Die Wüste thut mir dann noth, um wieder gut zu werden". (M: 3,290).

Diese Wüste des Wanderers ist eine andere Wüste, als sie der christliche Eremit kennt. Der agierende Wanderer kann sich unter Umständen seine eigene Wüste schaffen, in der er sich verbirgt. Ebenso bietet sich dem Philosophen auf Nietzsches Geheiß hin diese Möglichkeit an. Die Andersheit einer „zweiten" Wüste kehrt Nietzsche in der dritten Abhandlung seiner „Genealogie der Moral" spezifisch heraus, wo er die Wüste unter Anführungszeichen setzt. Höchstwahrscheinlich geschieht diese Kennzeichnung, um die Andersheit der guten Wüste zu unterstreichen. Der Unterschied ist folgendermaßen gekennzeichnet:

> „Die *Wüste* übrigens, von welcher ich eben sprach, in die sich die starken, unabhängig gearteten Geister zurückziehn und vereinsamen – oh wie anders sieht sie aus, als die Gebildeten sich eine Wüste träumen!"
>
> (GM: 5,352)

In der Wüste des Philosophen gibt es keine peinigende Selbstkasteiung, sondern nur die heitere Askese. Mit diesem Umstand kehrt Nietzsche die gängige Vorstellung des Wüstenheiligen um, bzw. stellt sie auf den Kopf, um den Philosophen aus dem Untergang des Christentums in seiner Wüste wie neugeboren erstehen zu lassen.

Herbert Röschl, der sich eingehend mit den Motiven der Einsamkeit bei Nietzsche auseinandergesetzt hat, bringt die Wüste nicht als ein eigenständiges Motiv, sondern nur im Zusammenhang mit seiner Interpretation der „Dionysos-Dithyramben“, wo er besonders im Abschnitt *Unter Töchtern der Wüste* im Begriffspaar Tanz/Einsamkeit die Symbolisierung von Leben/Tod sieht. Deshalb ist für ihn das Motiv der Wüste in dieser Dichtung: „[...] le vide affreux de la solitude, ou du moins d'une solitude qui, symbolisable sous l'aspect du Désert, reflète la stérilité de la mort“[20], worauf er jene Stelle zitiert, in welcher Nietzsche das Wachstum der Wüste evoziert, indem er ausruft:

> Die Wüste wächst: weh Dem, der Wüsten birgt!
>
> (Za IV: 4,380 und 4,385, sowie DD: 6,382 und 6,387)

Ohne Weiteres kann man dieses Zitat im Sinne einer Anrufung des Todes verstehen; es gesellt sich aber auch die Erklärung dazu, dass der Philosoph, welcher seine eigenen Wüsten birgt, sich vor der Gesellschaft in Acht nehmen muss, die diesem die Wüsten und damit seine Einsamkeit rauben will. Denn in seinen eigenen Wüsten ist der Philosoph nach den Worten Nietzsches vor den Zudringlichkeiten der Vielsamkeit sicher.

Ein nennenswerter Aspekt der Wüste ist der Bezug derselben zur Oase, wo wir später in Analogie zur Insel im Meer eine ähnliche Beziehung erkennen werden. Manès Sperber charakterisiert Nietzsches ganzes Leben als eine zunehmende Vereinsamung auf einer kleinen Oase: „Nietzsche lebte in einer von der wachsenden Wüste bedrohten winzigen Oase, die er durch Fiktionen schützte“[21]. Er greift damit wahrscheinlich unbewusst Nietzsches „Verwüstung“ auf einer Oase auf, die so klein ist wie eine Dattel (*vgl.* DD: 6,384), worin Nietzsche eine Zufluchtsstätte in der Zufluchtsstätte seiner Wüste andeutet. Nicht unerwähnt bleiben darf aber auch der Ansatz von Simón Royo Hernández, der den engen Zusammenhang von der Nennung der Wüste bzw. der wachsenden Wüste und dem Nihilismus herausgearbeitet hat. Er zeigt auf, dass die „Verwüstung“ als Gefahr zu verstehen ist, die in der Konfrontation des modernen Menschen mit dem Nihilismus evident wird und die Nietzsche über diese Metapher zu verdeutlichen sucht.[22] Von der Dürre der Wüste muss nunmehr übergegangen werden zu ihrem Gegensatz, näm-

---

20 Röschl, Herbert: Nietzsche et la solitude. Traduit de l'allemand de A. Quinot. - Manosque: Société Française d'Études Nietzschéennes. 1958. S. 50.

21 Sperber, Manès: Geteilte Einsamkeit. Der Autor und sein Leser. - Wien/München/Zürich: Europaverlag. 1985. S. 119.

22 *Vgl.* Royo Hernández, Simón: Nihilismo y desierto en Nietzsche: Wildnis, Öde, Einöde, Einsamkeit, Wüsten. In: Arenas-Dolz, Francisco / Giancristofaro, Luca und Stellino, Paolo (Hrsg.): Nietzsche y la hermenéutica. – Valencia: Nau Llibres. 2007.

lich dem Meer und in diesem Zuge soll ebenso der wichtige Aspekt der *azurnen* Einsamkeit behandelt werden.

2.2 Die azurne Einsamkeit: der Gletscher, das Meer und der Himmel

Um den Ausdruck „Meer" im Kontext der Einsamkeit erarbeiten zu können, muss ich etwas ausgreifen und mit einem anderen Begriff beginnen, der dann im Meer „mündet". Gemeint ist der Gletscher. Das Denken Nietzsches, welches sich insgesamt als ständiges Umwerten von etablierten Werten verstand, bewegt sich auf seiner Suche nach festen Ausgangspunkten ständig in höhere Regionen. Die einsame Aufwärtsbewegung, die dabei entsteht, kann ohne Weiteres als Element aus Nietzsches Leben verstanden werden, welches den Philosophen am liebsten mit seinen Gedanken in die Einsamkeit der Bergwelt getrieben hat. Nietzsche gelangt mit dieser Bewegung in die höchsten Gefilde, wo, metaphorisch gesprochen, nur mehr Gletscher und Eis regieren. Sehr ausgiebig demonstriert Nietzsche den Gletscher in einer seiner Dichtungen vom Herbst 1884 mit dem Namen *Am Gletscher*, wo ein Knabe sich den Weg zum Gletscher bahnt und dort auf eine glänzende und gleißende Vereisung der Natur trifft, die oben in ihrer Stille als Vorbotin des Todes ausharrt (*vgl.* KSA: 11,325f.).

Seinem Freund Rohde wirft Nietzsche in einem Brief vom Januar 1873 vor, dass er doch nicht wie „ein Eisbär einsam" (KSB: 4,120) in der Höhe hausen, sondern viel lieber seinen Freund Nietzsche aufsuchen solle, denn in der Gemeinschaft von Freunden ist das Leben nach Nietzsche lebenswert. In der arktischen Kälte der Gletscherregionen ist selbst für den Philosophen die Existenz verunmöglicht. Der Interpret Röschl erkennt im Gletscher aber auch eine überbordende Lebensenergie, die sich in den sich widerspiegelnden Lichtreflexen äußert. Die Reflexe überspielen dabei die Gefahr und den Tod[23]. Die Schönheit und der Tod verbinden sich zu einer ambivalenten Mischung, die sich als Offenbarung an den Einsamen richtet und nur in der Einsamkeit verbunden sein kann. Diese Reise in ein für die eigene Gesundheit verbotenes Gebiet ist wie das Denken Nietzsches nach Ansicht von Bonesio mit einer sehr harten *ascesi intellettuale* verbunden, die länger betrieben, notwendigerweise nach einer Ruhepause verlangen muss[24]. Nietzsche benötigte nach

23 „Sous l'image du Glacier, l'état de solitude peut représenter une source béatifique d'énergie vitale, mais, en raison de l'apparentement étroit où, pour Zarathoustra, cet état se trouve avec la mort, il peut aussi comporter le passage d'une ombre spectrale sur l'existence". In: Röschl, Herbert: Ebenda. S. 70.

24 *Vgl.* Bonesio, Luisa: Ebenda. S. 247.

langen und unvermeidlich schwerwiegenden Perioden des Denkens im wirklichen Leben immer wieder eine Zeit der Regeneration. Auf dem Gletscher hat der Bergsteiger diese Möglichkeit der Pause nicht; er wird zur ständigen Bewegung genötigt, um nicht dem Tod durch Erfrierung zum Opfer zu fallen. Deshalb muss der Bergsteiger bzw. der Denker wieder ins Tal zurückkehren oder, noch besser, sich in Gegenden zurückziehen, in welchen ein Einhalten gewährleistet ist: Für Nietzsche waren dies die maritimen bzw. mediterranen Regionen.

In der schmelzenden und herabfließenden Bewegung des Wassers aus dem Eis der Gletscher gelangen wir zum Begriff des einsamen Meeres in Nietzsches Philosophie[25]. Bei der Erklärung des Meeres scheiden sich die Geister der Interpreten. Wahr ist, dass Nietzsche nicht ein einheitliches Bild des Meeres konstruiert hat. Nietzsche kennt das Meer in vielen verschiedenen Varianten: z. B. als „irrationales Element" (DS: 1,215), während ein Leben im Meer im Zarathustra als eines der erstrebenswertesten Dinge aufscheint: „Wie im Meere lebtest du [gemeint ist Zarathustra selbst] in der Einsamkeit, und das Meer trug dich". (Za I: 4,12). Die Existenzweise am Meer verfolgt Zarathustra, wenn er für die „[...] Einsame[n] und Zweisame[n], um die der Geruch stiller Meere weht" (Za I: 4,63) einen freien Platz an seiner Seite einfordert. Am Meer findet man jene heitere Einsamkeit, mit der Nietzsche die positiven und notwendigen Zustände der Regeneration einführte. In einem Gedicht mit dem Titel *Nach neuen Meeren* drückt Nietzsche seine Sehnsucht nach dem Meer aus, wohin es ihn zieht:

Dorthin – *will* ich; und ich traue
Mir fortan und meinem Griff.
Offen liegt das Meer, in's Blaue
Treibt mein Genueser Schiff.

(FW: 3,649 und KSA: 11,328)

Mit dem herrlichen blauen Meer sind für den Denker Nietzsche Begriffe wie Stille und Ruhe verbunden[26]. In diese Richtung lässt sich ebenso die

---

25 Bonesio beschreibt diesen Übergang vom Gletscher zum Meer in ihrer dem Aspekt der azurnen Einsamkeit gewidmeten Untersuchung folgendermaßen: „[... S]i potrebbe dire che per Nietzsche il mare è il ghiaccio delle vette sciolto sotto l'azione del vento australe e del sole infiammato: è la vita che torna fluida e libera dal gelo delle astrazioni e anche la gratitudine feconda dello spirito del filosofo che dona quanto ha conquistato nella dura solitudine della sua impresa". In: a. a. O. S. 252.

26 Den Aspekt der Ruhe und Stille kehrt Eberhard Lämmert in seinem Aufsatz: „Nietzsches Apotheose der Einsamkeit" heraus, wenn er von einer *unbewegten Stimmung* spricht, welche mit dem stillen Meer und dem darauf schwimmenden Nachen symbolisiert wird (*vgl.* Lämmert, Eberhard: Nietzsches Apotheose

Bedeutung des Meeres im Zusammenhang mit der Seelenruhe, wie sie etwa bei den Stoikern verwendet wurde, einbinden.

An das behütete und regenerierende Dasein am Meer schließt sich ein furchtbares und stürmisches Dasein an. „Das Meer stürmt: Alles ist im Meere. Wohlan! Wohlauf! Ihr alten Seemanns-Herzen!“ (Za III: 4,267), so schreit Zarathustra es den Menschen entgegen. Das dunkle stürmische Meer in seiner größten Gewalt ist das Symbol für die unbarmherzige Vereinsamung des Individuums. Das „schwarze Meer“ (Za IV: 4,301) symbolisiert jenen Zustand. Diese Verbindung von Vereinsamung und schwarzem Meer legt Nietzsche äußerst genau in einem Brief an Marie Baumgartner im Mai 1883 dar, worin er sich selbst als auf hoher See befindlichen Denker stilisiert, welcher „aus den dunklen Wassern der Vereinsamung wieder ‚an die Oberfläche‘ kommen“ (KSB: 6,381) möchte. In der Opposition von *schwarzem* Meer und *weißem* Meer (*Vgl.* dazu IM: 3,335) zeigt sich unter anderem die Differenz zwischen Verlassenheit und Einsamkeit, wie sie schon im Abschnitt über den Begriff der Einsamkeit angeführt wurde. Die Auf- und Abwärtsbewegung des Tauchenden im Meer trägt ihren Teil dazu bei, die Einsamkeit besser zu verstehen[27].

Wie schon erwähnt, haben die Interpreten unterschiedliche Meinungen zum Meer bei Nietzsche elaboriert. Die Interpretin Bonesio unterstreicht den Begriff des Meeres als „immagine dell'eternità“ und weist damit darauf hin, dass „l'azzurra apertura del mare, lo splendore dello spazio“ mit der Unendlichkeit übereingehen müssen[28]. Dagegen opponiert Röschl, indem er sich auf den Nietzscheforscher Olzien bezieht und in seiner Untersuchung zu den Motiven der Einsamkeit im Symbol des Meeres „l'immensité de l'existence“ erkennen will, welche in Form des Unfassbaren und des Monströsen sich dem Betrachter darbietet[29]. Wahr-

---

der Einsamkeit. S. 47-69. In: Nietzsche-Studien, Internationales Jahrbuch für die Nietzsche-Forschung. Hrsgg. Ernst Behler/Mazzino Montinari/Wolfgang Müller-Lauter/Wenzel Heinz. Nr. 16, Jg. 1987. - Berlin/New York: Walter de Gruyter. 1986. S. 66f.). Ein Beispiel einer solchen Meeresstille auf einem Nachen gibt uns Zarathustra, indem er vermittels des Gesanges die Meere verstummen lässt, „[...] bis über stille sehnsüchtige Meere der Nachen schwebt [...]“. (Za III: 4,280).

27 „So wollen wir's nur fort treiben! Am Ende, mein lieber tapferer Freund, sind wir doch ein Paar tüchtige Schwimmer. Alle Welt hält uns schon für ertrunken, aber da tauchen wir immer wieder auf und bringen sogar aus der Tiefe etwas mit herauf, was, wie wir meinen, Werth hat und vielleicht auch einmal für Andre *Glanz* bekommen wird“. (KSB: 6,101).

28 *Vgl.* Bonesio, Luisa: Ebenda. S. 253.

29 *Vgl.* Röschl, Herbert: Ebenda. S. 76.

scheinlich kann das Meer als irrationales Element einen Bezug zu dieser Aussage herstellen, während Nietzsche selber einmal in der metaphorischen Verwendung des Meeres auf den Bezug von Meer und Werden/Existenz hinweist: „Inmitten des Ozeans des Werdens wachen wir auf einem Inselchen, das nicht grösser als ein Nachen ist, auf [...]". (M: 3,227). Selbstverständlich ist in beiden Interpretationen jeweils ein möglicher Aspekt des Meeres verdeutlicht. Dabei gehen aber eine Menge von anderen Aspekten, die für die Einsamkeit und das Meer notwendig sind, verloren. Die Gesamtheit der möglichen Zugangsweisen zum Meer erschafft erst ein ausgewogenes Bild.

Zu einer alles umfassenden Darstellung gehört auch die Verwendung des Motivs des besagten Insel[chens] in Beziehung zum Meer. Ähnlich wie die Oase in der Wüste bietet die einsame Insel eine geistige Zufluchtsstätte für den Philosophen an. Nietzsche schwebt dabei das Ideal der vereinzelten griechischen Inseln vor. Er erwärmt sich in einem Brief an Emily Fynn im Herbst 1886 für die „Einsamkeit wie auf einer Insel des griechischen Archipelagus; rings zahllose Bergketten". (KSB: 7,259). Bei dieser Nennung der Insel ist mehr der negative Aspekt des „insel-haften" Lebens hervorgehoben (KSB: 7,13), welcher ebenfalls bei Nietzsche vorkommt. Die gute Insel lässt Nietzsche seinen Zarathustra in einem Brief an Heinrich Köselitz vom Sommer 1883 anführen, worin er erklärt, dass Zarathustra den der Gesellschaft Überdrüssigen rät, „sich auf eine einsame glückselige Insel zu flüchten" (KSB: 6,418). Es ist dies die „Insel der Einsamen" (KSA: 10,88), wohin Zarathustra seinen Anhängern zu gehen empfiehlt. Also gibt es auch in diesem Kontext eine Aufspaltung des Begriffes in eine positiv und eine negativ konnotierte Einsamkeit zur geistigen Regeneration. Konkret bedeutet dies, dass Nietzsche wiederum nicht jede Insel als eine gute Insel für alle Einsamkeitssuchenden zulässt, sondern sehr differenziert unterscheidet.

Von der Tiefe des Meeres und von der Insel löst sich Nietzsche mit dem Motiv der Sonne und steigt in seinem Denken in die Höhe zum Himmel:

> „Seht doch hin, wie sie [die Sonne] ungeduldig über das Meer kommt! Fühlt ihr den Durst und den heissen Athem ihrer Liebe nicht?
> Am Meere will sie saugen und seine Tiefe zu sich in die Höhe trinken: da hebt sich die Begierde des Meeres mit tausend Brüsten.
> Geküsst und gesaugt *will* es sein vom Durste der Sonne; Luft *will* es werden und Höhe und Fusspfad des Lichts und selber Licht!
> Wahrlich, der Sonne gleich liebe ich das Leben und alle tiefen Meere.
> Und diess heisst *mir* Erkenntniss: alles Tiefe soll hinauf – zu meiner Höhe!"
>
> (Za II: 4,159)

Mit dem In-die-Höhe-Steigen schließt sich für Nietzsche der Kreis der azurnen Einsamkeit, welche er beim Gletscher in der eisigen Höhe begonnen hat, von wo er mit dem Wasser ins Meer geronnen ist und wieder von der Sonne in die Höhe gezogen wurde, um am Schluss dem Gletscher aufs Neue zugeführt zu werden. Nietzsche hatte schon sehr früh diese Gemeinsamkeit sämtlicher Orte hervorgehoben, als er an Rohde im Sommer 1869 im Bezug auf einen gemeinsamen Ferienaufenthalt alle Orte hintereinander aufzählte. Orte, die positive Einsamkeit produzieren können[30]. Alle diese Elemente werden von Nietzsche unter den Begriff der azurnen[31] Einsamkeit subsumiert. Im Buch „Ecce Homo" bestimmt Nietzsche seinen Zarathustra als das in der azurnen Einsamkeit lebende Werk (*vgl.* EH: 6,343). In der azurnen Einsamkeit haben wir die Metapher für den Kreislauf und die Momente der Einsamkeit, die Nietzsche sich wünscht. Es ist ein sich perpetuierender Kreislauf von Orten der Einsamkeit, die aber immer in Gefahr sind, da jeder Ort auch die Vereinsamung in sich trägt und der Übergang von der azurnen Einsamkeit zur Verlassenheit fließend ist.

Vorsicht muss man bei der azurnen Einsamkeit walten lassen, wenn sie in einer Verortung stehen bleibt oder über alle Orte hinaus strebt. Diesen Effekt bemerkt man sehr gut in den letzten Briefen Nietzsches, bevor ihn seine geistige Umnachtung stumm macht. Es sind dies die Briefe vom Herbst 1888 an Meta von Salis und etwas später an Köselitz, wo es in der Beschreibung Nietzsches von Turin heißt, dass dort „[...] ein Blau auf See und Himmel [...]" leuchtete bzw. ein „Himmel und der große Fluß zart blau" (KSB: 8,410 und 8,461) sich zeigten. Die reine

30 „Leider bist du jetzt nun gerade in Süditalien: sonst wäre ich Dir vielleicht bis zu einem der norditalischen Seen entgegengereist und wir hätten uns, in einem Kahne liegend, mit dem Blick nach dem blauen Himmel, schaukeln lassen können, trotz aller Einsamkeit in der allerbesten und ersehnenswerthesten Gesellschaft". (KSB: 3,28).

31 Keiner der Interpreten hat eigentlich eine richtige Erklärung dieser Farbe herauszuarbeiten versucht. Alle beschränkten sich vorwiegend darauf, diese Form der Einsamkeit an anderen Bedingungen festzumachen. Bonesio nennt nur in einer Fußnote die enge Beziehung der Farbe Himmelblau im Zuge der christlichen Tradition mit dem Göttlichen, dem Übernatürlichen und der Assoziation mit Symbolen des Wassers (*vgl.* Bonesio, Luisa: Ebenda. S. 253, Fußnote 36). Interessiert man sich genauer für die Verwendung der Farbe Blau bei Nietzsche, so bemerkt man, dass kein einheitlicher Nenner sich erkennen lässt, auf den man die Bedeutungen derselben aufbauen kann. Es gibt dort Blau als Farbe, welche zusammen mit Grün die Natur entmenschlicht (*vgl.* M: 3,262), Blau als beruhigende Farbe (*vgl.* KSA: 9,557), man kann ins Blaue schießen (*vgl.* FW: 3,357), man kann blau sein (*vgl.* KSA: 11,532), u.v.a. Die Farbe Azur ist vorwiegend dem Himmel vorbehalten und tritt auch immer im Zusammenhang mit diesem auf (*vgl.* Za III: 4,209 und EH: 6,343).

Reduktion auf den heiteren Ausdruck in Turin gipfelt in einem der ersten Wahnsinnsbriefe wiederum an Köselitz, wo Nietzsche eine Dichtung ankündigte, welche „jenseits aller sieben Himmel gedichtet" wurde (KSB: 8,566). Nietzsche hat hier deutlich den sich selbst vorgegebenen Kreislauf der azurnen Einsamkeit verlassen. Nun aber muss noch ein letzter Punkt der Verortung der Einsamkeit zur Sprache gebracht werden. Es handelt sich dabei um den Begriff des Berges, der zwar schon in der Metapher des Gletschers etwas angedeutet, aber noch nicht explizit erklärt wurde.

2.3 Der Berg, der Baum und die Höhe

Die Wörter „Berg", „Gebirge", „Hochgebirge" und „Gletscher" gehören zu den meist untersuchten Bestandteilen von Nietzsches Einsamkeitsvokabular. Eigentlich müsste der Berg bzw. der Gletscher im Zusammenhang mit der azurnen Einsamkeit behandelt werden, da er sich ohne Weiteres in diese Kette von Orten einordnen lässt. Aufgrund einer Vielzahl von Vorkommnissen in den Texten und Briefen Nietzsches erscheint es angebracht, abgetrennt von den anderen Orten der Einsamkeit vom Berg zu sprechen. Und auch hier soll nicht die ganze Problematik aufgerollt werden, da im zweiten Teil des Buches ein Abschnitt dem literarischen Motiv des Höhengleichnisses gewidmet werden muss, insofern dabei ein interessantes Bindeglied zwischen romantischer Literaturepoche und Nietzsche im Zusammenhang mit der Einsamkeit erörtert werden kann. Die Berge und die Höhe derselben gehören größtenteils zusammen. Wie aber bringt Nietzsche die Bergeshöhe zum Meer oder zum Himmel in Verbindung? Dazu gibt es einige Übergangsmöglichkeiten, die uns der Philosoph anbietet. Eine dieser Möglichkeiten wurde schon bei der azurnen Einsamkeit als Kreislaufbewegung identifiziert. Aber es gibt weitere Konkordanzen zwischen den Orten. Nietzsche lässt Zarathustra sich selbst fragen: „Woher kommen die höchsten Berge? so fragte ich einst. Da lernte ich, dass sie aus dem Meere kommen. [...] Aus dem Tiefsten muss das Höchste zu seiner Höhe kommen". (Za III: 4,195). Aus dem Meer kommt der höchste Berg und wir kennen in diesem Fall schon das Verbindungsglied zwischen beiden: die Sonne.

Wie in der azurnen Einsamkeit vermittelt die Sonne den Übergang zum Gletscher. Nietzsche verlangt sich eine sehr präzise Beschreibung von diesem Vorgang ab, indem er die *höhere hellere Menschheit* mit Merkmalen versieht, die innerhalb der Grenzen von Höhe und Tiefe anzusiedeln sind. Wer kann sich zu dieser Form der Menschen hinzuzählen? Man darf sich zur höheren Menschheit nur hinzuzählen,

> „[...] weil man *kälter, heller, weitsichtiger, einsamer* ist, weil man die Einsamkeit erträgt, vorzieht, fordert als Glück, Vorrecht, ja als Bedingung des Da-

seins, weil man unter Wolken und Blitzen wie unter seines Gleichen lebt, aber ebenso unter Sonnenstrahlen, Thautropfen, Schneeflocken und allem, was nothwendig aus der Höhe kommt und, wenn es sich bewegt, sich ewig nur in der Richtung *von Oben nach Unten* bewegt."

(KSA: 12,321f.)

Die Auf- und Abwärtsbewegung ist in Analogie zur Bewegung des Tauchens im Meer zu verstehen. Die höhere Menschheit kommt selbst von der Höhe und muss nicht erst zu ihr hinaufsteigen. Dadurch wird ihr der Blick des am Fuß des Berges lebenden Menschen nicht zuteil. Nietzsche beschreibt diese Vogelperspektive als kargen Zustand: „Es liegt ein Wintertag auf uns, und am hohen Gebirge wohnen wir, gefährlich und in Dürftigkeit. Kurz ist jede Freude und bleich jeder Sonnenglanz, der an den weissen Bergen zu uns herabschleicht". (SE: 1,366).

In der Gebirgswelt findet man ab und zu auch Anklänge an eine reduzierte Form des großen Meeres[32]. Neben den Allusionen im Gebirge an das Meer gibt es umgekehrt die Verbindung des Meeres mit dem Berg nicht nur über das schon erwähnte Herauswachsen des Berges aus dem Meer, sondern auch über die symbolische Figur des Felsens, der einsam aus dem Meer heraus der Brandung standhält. Nietzsche verwendet gerne den Felsen im Zusammenhang mit der geistigen Standhaftigkeit und der Einsamkeit. In einem Brief an seine Mutter und seine Schwester im Winter des Jahres 1881 beschreibt er, wie er sich „immer auf einen einsamen Felsen am Meer" (KSB: 6,57) in Genua zurückzieht und dort seine Abgeschiedenheit erfährt. In Deutschland sieht Nietzsche nur einige wenige Einsiedler, die wie „vereinsamt hingestellte Felsen" (KSA: 11,688) aus der Kulturlandschaft herausragen. Theo Meyer hat in einer kurzen Genealogie des Einsamkeitsbegriffes in der Philosophie bemerkt, dass im Stoizismus der Felsen häufig als Metapher der *constantia* eingesetzt wurde. Dabei handelte es sich um eine der Voraussetzungen für den stoischen Begriff der Einsamkeit wie auch für vieles andere. Nietzsche demaskiert diesen stoischen Einsamkeitsbegriff, greift aber die Felsenmetapher trotzdem auf[33].

Der Berg ist ein viel benütztes Motiv Nietzsches. Meiner Meinung nach kann dieser Umstand auf Nietzsches Biographie zurückgeführt werden und seiner Vorliebe für die Landschaften im Gebirge – beson-

---

32 Es reicht für einen Menschen völlig aus, „dass im Gebirge seine grösste Freude ist, jenen kleinen abgelegenen Seen zu begegnen, aus denen ihn die Einsamkeit selber mit ihren Augen anzusehen scheint [...]". (MA II: 2,401).

33 *Vgl.* Meyer, Theo: Das Problem der Einsamkeit. Ebenda. S. 49ff.

ders in den Sommermonaten – einen Ausdruck verleihen[34]. Von sich selbst sagt Nietzsche im Bezug auf sein vergangenes Leben in einem Brief an Marie Baumgartner im Sommer 1875: „Es kommt mir so vor als ob ich ein geborner *Berg*steiger sei“. (KSB: 5,95). Mit dem Klettern in den Bergen im Leben Nietzsches verbindet sich sehr eng ein geistiges „Klettern“ in höhere intellektuelle Gefilde, die nicht selten mit derselben Gefährlichkeit verbunden sind wie das Klettern in realen Gebirgen. Die Folge dieser geistigen Höhenflüge musste ein zunehmender Alleingang sein, der in eine erhabene Einsamkeit münden konnte, aber nicht musste. Für diese Form der Vogelperspektive gibt es mehrere Gründe, die Nietzsche veranlassen, diesem Symbol einen großen Stellenwert zuzuschreiben.

Einerseits ist die Höhe des Berges für Nietzsche als Basis für eine gute Aussicht zu verstehen. Er spricht gerne in Metaphern vom eigenen Zustand, den er in den Höhen fühlt: „[...W]enn ich [...] einen ziemlichen Berg erklommen habe und mich des freieren Blicks erfreuen darf“. (BA: 1,648 und CV: 1,761). Nur so ist Nietzsche glücklich. Nietzsche als Philosoph deutet immer wieder vehement darauf hin, dass der Standpunkt der Bergspitze eine gute Lage für das Philosophendasein ist, denn der Philosoph muss „auf seine Höhe, nämlich zum Überblick, Umblick, *Niederblick*“ (JGB: 5,132) kommen. So ein Unterfangen kann nur an – bildlich gesprochen – höher gelegenen Orten begonnen werden. Schon in den Liedern des Prinzen Vogelfrei lässt er den Mistral einen Kranz „höher, ferner, weiter“ (FW: 3,651) auswerfen, im Sinne der allumfassenden Ausdehnung des Denkens bis in die Höhe des Himmels. Gerade ein Philosophieren in der Form, wie es Nietzsche verstand, als ein ständiges Vordrängen an die Ränder des vorhandenen Wissens, konnte in einem gewissen Grade nur in die Höhe fliegen. „In den Alpen bin ich unbesiegbar, namentlich wenn ich allein bin und ich keinen andern Feind als mich selber habe“ (KSB: 5,284), schreibt Nietzsche an seine Freundin Malwida von Meysenburg aus Basel im September 1877.

In Verbindung mit der Philosophenexistenz benötigt das Leben allgemein die Höhe und das Gebirge: Zarathustra ruft es uns entgegen: „In die Höhe will es sich bauen mit Pfeilern und Stufen, das Leben selber: in weite Fernen will es blicken und hinaus nach seligen Schönheiten, – *darum* braucht es Höhe!“ (Za II: 4,130). Ein hohes Leben streben solche hohen Geister wie Nietzsche an. Hohe Geister sind im Sinne Nietzsches im selben Moment einsame Geister, denn nur wenigen Ausnahmen und Ausgezeichneten ist der Weg in die Höhe offen und erlaubt. Der In-die-

---

34 Die Biographen geben mir insofern Recht, als sie auf das Gebirge als Zufluchtsstätte hinweisen. *Vgl.* Janz, Curt Paul: Ebenda. Band 1. S. 487ff. und Band 2. S. 43f.

Höhe-Strebende hat nicht ausschließlich eine freie Bahn, um in die Höhe zu gelangen und auch einmal oben angelangt, ist er einigen Missständen ausgesetzt, welchen er gewachsen sein muss. In seinem Pamphlet auf das Christentum – „Der Antichrist“ – führt Nietzsche diesen Aspekt des „hohen Lebens“ an: „Das Leben nach der *Höhe* zu wird immer härter, – die Kälte nimmt zu, die Verantwortlichkeit nimmt zu“. (AC: 6,244). Dabei geht es um die „hohen Aufgaben“[35], die bei Nietzsche mit großen Schwierigkeiten verbunden sind. Denn hohe Aufgaben verlangen, wie wir gesehen haben, nach hohen Warten, von denen aus man alles überblicken kann. Und gerade darum muss der Philosoph in höchsten Höhen ausharren:

> „Das Eis ist nahe, die Einsamkeit ist ungeheuer – aber wie ruhig alle Dinge im Lichte liegen! wie frei man athmet! wie Viel man *unter* sich fühlt! – Philosophie, wie ich sie bisher verstanden und gelebt habe, ist das freiwillige Leben in Eis und Hochgebirge!“ (EH: 6,258)

Nur durch das Hineinhalten des eigenen Lebens in diese Höhe vermag man den Erfordernissen der Philosophie nach Nietzsche gerecht zu werden.

Ein interessanter Mechanismus für die zur Höhe bestimmten Individuen ist der Umstand, dass diese Menschen nicht viel zu tun brauchen, um in den Zustand der Höhe zu gelangen. Nietzsche versteht unter dem Höhersteigen einen vom niederen Menschen im Tal angetriebenen Vorgang, welcher geradezu als ein Martyrium des Aufsteigens erkennbar wird: „[... E]in großer Mensch wird gestoßen, gedrückt, gedrängt, hinaufgemartert in *seine* Höhe“ (KSA: 12,50), während die Nachgeborenen glauben, dass der „große“ Mensch hinaufgestiegen sei[36]. Nicht zuletzt ist hierbei das Symbol des Berges Olymp, wo die griechischen Götter hausen, als Ort in den Vordergrund der Erörterung Nietzsches der Gebirgshöhe zu stellen (*vgl.* CV: 1,791). Selbstverständlich kennt das Leben in der Höhe eine ähnliche Auszeichnung, welche die griechischen Götter dort erlebten. Die konsequente Verfolgung dieses Motivs hat zur Folge, dass Nietzsche den Berg sowohl als schwierig, als auch als leicht zu

---

35 Das „gefährliche“ Denken Nietzsches hat sich selbst immer als hohe Aufgabe empfunden: Nietzsche führt deshalb in seiner Autobiographie an, dass man „[...] die *Höhe* seiner Aufgaben rein halten“ (EH: 6,270) muss und in den letzten Fragmenten aus der Zeit an der Grenze zu Nietzsches Wahnsinn schreibt dieser: „Erst von mir an giebt es wieder Hoffnungen, ich kenne <Aufgaben> von einer Höhe, daß der Begriff dafür bisher gefehlt hat [...]“. (KSA: 13,640).

36 In etwas anderer Formulierung hat Nietzsche in seinen Notizen diesen Zustand des Höher-Steigens schon beschrieben, wo er als Vergleich einen Ball anführt, der gleich wie der „große“ Mensch in die Höhe gedrückt wird (*vgl.* KSA: 11,377).

bezwingenden Ort der Einsamkeit ansieht, wenngleich das Leben am Gipfel stets die Belohnung ist und mit einer sehr einsamen Ruhe und Stille koinzidiert. Schlussendlich ist die Einsamkeit im Verbund mit der Freiheit das Motiv der Bergspitze. Nietzsche prägt im Zarathustra dafür den Ausdruck der „Berges-Freiheit“ (Za III: 4,234).

Bei den Interpreten von Nietzsches Berg- und Höhenmotiv (abgesehen von den literaturwissenschaftlichen Untersuchungen, die erst im zweiten interpretatorischen Teil eine Betrachtung erfahren werden) sind nur wenig unterschiedliche Ansichten vorhanden. Röschl, der sich in seiner ganzen Untersuchung zur Einsamkeit zwischen den Begriffen Liebe, Leben und Tod bewegt, sieht im Werk „Also sprach Zarathustra“ eine Odyssee, die Zarathustra am Ende in die eigene Einsamkeit auf den Berg führt[37]. Bei Bonesio finden wir zwei interessante Ansätze zur Erklärung der Einsamkeit, wobei Letzterer ganz im Zeichen ihrer als stilistische Untersuchung intendierten Darstellung anzusiedeln ist. Einerseits setzt sie den Berg mit der Hybris des Denkens bei Nietzsche gleich: „Vi sono sicuramente motivi autobiografici nell'utilizzazione della metafora montana per designare l'*hybris* del pensiero [...]“[38]. Andererseits sieht die Interpretin eine strikte Relation zwischen der Höhe und dem Stil des Denkens: „[... L]a metafora dell'altezza designa la questione dello stile del pensiero [...]“[39]. Sie bringt uns damit schon etwas über das Thema der Einsamkeit hinaus.

Aber bleiben wir doch noch etwas bei der Thematik der Höhe: Die Bergeinsamkeit kommt nämlich nicht selten in Verbindung mit einer Waldeinsamkeit vor[40]. Vorwiegend ist die Waldeinsamkeit bzw. die einsame Landschaft in der Korrespondenz Nietzsches mit seinen Verwandten und Freunden auffindbar. Dieser Ort der Einsamkeit ist wie der Berg vorwiegend positiv konnotiert und als Aufenthaltsort hoch erwünscht. Meistens bringt Nietzsche die Waldeinsamkeit ins Spiel, wenn er sich an einem Ort wohlfühlt und gut arbeiten kann. Was uns am Wald vielleicht wesentlicher erscheint, ist die permanente Verwendung der Metapher des Baumes.

---

37 *Vgl.* Röschl, Herbert: Ebenda. S. 26.

38 Bonesio, Luisa: Ebenda. S. 246.

39 A. a. O. S. 250.

40 *Vgl.* dazu „Menschliches, Allzumenschliches“, wo Nietzsche einen Hymnus auf die „freien Geister“ anstimmt, welche „in Berg, Wald und Einsamkeit zu Hause sind“. (MA I: 2,363). Ein weiteres Beispiel bildet der Brief Nietzsches an seine Mutter im November 1885, in welchem er von seinem Rückzug „in die Wald- und Berg- und Klostereinsamkeit von Vallombrosa“ (KSB: 7,107) berichtet.

Je weiter man auf einen Berg steigt, desto höher befindet man sich selbst, aber auch desto tiefer kann man hinunterblicken. Obwohl schon im Meer und am Berg das Verhältnis Höhe/Tiefe von Nietzsche aufgezeigt wird, gibt es eine dritte Metapher für diese Relation. Der Baum ist das Symbol, welches beide Gegensätze – die Höhe und die Tiefe – vollständig in sich vereint. Nietzsche hat dies vielleicht am besten in seiner Dichtung von der *Pinie und dem Blitz* erklärt:

Pinie und Blitz

Hoch wuchs ich über Mensch und Thier;
Und sprech ich – Niemand spricht mit mir.

Zu einsam wuchs ich und zu hoch:
Ich warte: worauf wart' ich doch?

Zu nah ist mir der Wolken Sitz,–
Ich warte auf den ersten Blitz.

(KSA: 10,107)

Der Pinienbaum ist die Manifestation des besagten Verhältnisses und im selben Augenblick die Metapher für den Menschen, der in die Höhe und in die Tiefe streben soll.

Zarathustra verdeutlicht die Analogie vom Menschen zum Baum passend: „Aber es ist mit dem Menschen wie mit dem Baume. Je mehr er hinauf in die Höhe und Helle will, umso stärker streben seine Wurzeln erdwärts, abwärts, in's Dunkle, Tiefe, – in's Böse". (Za I: 4,51 und weitere Explikationen 4,52ff.). Ein Baum wächst in die Höhe, wo der Blitz, sei es als zerstörendes und gefährliches Element, sei es als „entzündendes" und inspirierendes Element[41], auf ihn wartet. Dieser Baum ist als Zuflucht gedacht, wo der Mensch selbst Baum ist und auf ihm wohnt. „Auf dem Baume Zukunft bauen wir unser Nest; Adler sollen uns Einsamen Speise bringen in ihren Schnäbeln!" (Za II: 4,126 und abgewandelt KSA: 10,419). Diesen Vergleich offenbart Zarathustra in seiner Rede *Vom Gesindel*.

Mit der Baum-Metapher und dem herbeifliegenden Adler habe ich mich schon etwas von der *Verortung der Einsamkeit* entfernt und es ist jetzt notwendig, einen weiteren Block der Metaphern der Einsamkeit zu

---

41 Röschl bringt genau dieselbe Verbindung in seinen Erörterungen (*vgl.* Röschl, Herbert: Ebenda. S. 32f.). Ein ähnliches Beispiel für den Baum als Vermittler zwischen Höhe und Tiefe bemerkt man in der „Fröhlichen Wissenschaft", in welcher Nietzsche die Lösung des Problems folgendermaßen umschreibt: „[... W]ir stossen alte Rinden ab, [...] wir treiben unsre Wurzeln immer mächtiger in die Tiefe [... und] wir wachsen in die *Höhe* [...]". (FW: 3,623).

behandeln. Die mit der Untersuchung des Ortes der Einsamkeit verbundenen Ergebnisse haben uns schon ein Stück weit vermittels des Aufgreifens des Denk-"Weges" von Nietzsche gebracht. Nun aber muss eine weitere, um einiges kleinere Gruppe von Elementen genannt werden, die sich aus vereinzelten Symbolen bzw. Verkörperungen der Einsamkeit zusammensetzt und als solche gesondert behandelt werden soll.

2.4 Die Tiere

Wichtig sind bei den Verkörperungen der Einsamkeit in erster Linie die einzelnen *Tiere*, die sich zwar durch das ganze Werk und überdeutlich in der Dichtung Nietzsches verfolgen lassen, besonders aber im Zarathustra zu ihrer Vollendung gelangen. Beginnen will ich beim herbeigeflogenen Adler, der sich auf dem beschriebenen Baum niedergelassen hat. Der Adler ist als heroisches und erhabenes Tier der Herr der Lüfte. In großen Kreisen schwebt er sogar noch über den Bergspitzen und Baumwipfeln und hat damit eine eminente Perspektive aus der Höhe. In einer Dichtung in einem Brief an Heinrich von Stein im November 1884 bringt Nietzsche das Motiv der Vogelperspektive vor, wenn er beschreibt, wie er auf seine Freunde im „Höchsten" gemeinsam mit der gesamten Natur wartet, die nach den Freunden „aus fernster Vogelschau" ausspäht (*vgl.* KSB: 6,565)[42]. Aus der Vogelperspektive haben der Adler und Nietzsche selbst einen besseren Überblick über die tiefen Abgründe der Philosophie.

Im Gedicht *Schafe* komprimiert Nietzsche sein Bestreben im Bezug auf den Adler als eines der einsamen Lebewesen und vergleicht sich selbst als Denker mit diesem Tier, welches die gleichen Bewegungen ausführt:

Den Adler seht! sehnsüchtig starr
blickt er hinab in den Abgrund,
in seinen Abgrund, der sich dort
in immer tiefere Tiefen ringelt!

[...]

Also stürze ich mich
abwärts, sehnsüchtig,

[...]

(KSA: 11,304)

---

42 Nietzsche nimmt dasselbe Gedicht zwei Jahre später als den berühmten Nachgesang mit dem Titel *Von hohen Bergen* in seinem Werk „Jenseits von Gut und Böse" auf (*vgl.* JGB: 5,241ff.). In besagter Dichtung sind noch einige andere Einsamkeitsmotive wie der Gletscher und die Natur integriert.

Noch zweimal kommt dieses Gedicht in derselben Form bei Nietzsche vor: einmal in „Also sprach Zarathustra", wo der alte Zauberer hinter dem Rücken von Zarathustra den bei diesem geladenen Gästen das Gedicht vorsingt (*vgl.* Za IV: 4,372f.) und das andere Mal erscheint die Dichtung im Kontext der „Dionysos-Dithyramben" mit dem Titel *Nur Narr! Nur Dichter!* Die dreimalige Nennung desselben Gedichtes zeugt von dessen Wichtigkeit für Nietzsche, was aber noch nicht beweist, dass der Adler außer dem Motive der Höhe bei Nietzsche ebenfalls die Einsamkeit verkörpern kann.

Eine genaue Erörterung der Einsamkeit des Adlers als Phänomen hat Martin Heidegger in seinen Überlegungen zum Gedanken der ewigen Wiederkunft bei Nietzsche zu verdeutlichen versucht. Ausgangspunkt für ihn stellt der vorletzte Aphorismus Nietzsches im vierten Buch der „Fröhlichen Wissenschaft" dar, wo Nietzsche erstmals den geheimnisvollen Gedanken der ewigen Wiederkunft vorstellt. Diese Präsentation des Gedankens wird unter der Überschrift *Das grösste Schwergewicht* dem Individuum in seiner „einsamsten Einsamkeit" dargelegt (*vgl.* FW: 3,570). Es will uns geradezu so erscheinen, als ob der Gedanke der ewigen Wiederkunft nur in jener „einsamsten Einsamkeit" manifestierbar wird. Heidegger erklärt, dass dieser Gedanke nur erscheinen kann, „[...] eher dann und dort wo er [der Mensch] ganz er selbst ist [...]" und weiter: „Diese ‚einsamste Einsamkeit' liegt vor und über jeder Unterscheidung des Ich vom Du und des Ich und Du vom `Wir', des Einzelnen von der Gemeinschaft"[43]. Durch diese Form der Einsamkeit muss die ewige Wiederkunft durch, um dem Menschen verständlich zu werden. Wo aber kann sich der Adler in besagter „einsamsten Einsamkeit" eingliedern?

Der Adler ist zusammen mit der Schlange die Realisierung der Einsamkeit für Zarathustra, den Propheten der ewigen Wiederkunft. Obzwar die Tiere in ihrer Gemeinschaft natürlich wiederum Bilder der Höhe und der Tiefe evozieren, motivieren die Tiere eine Betrachtung als Einsamkeitsträger. Heidegger meint dazu: „Die beiden sind *seine* Tiere [die Tiere von Zarathustra], sie gehören ihm in seiner Einsamkeit und wenn die Einsamkeit spricht, ist es ein Reden dieser seiner Tiere"[44]. Ihre Verhaltensweisen, wie das Kreisen des Adlers und das Ringeln der Schlange, sind Äußerungen der ewigen Wiederkunft. Mit den Tieren wird die „einsamste Einsamkeit" erst deklariert, in welcher Zarathustra zu seiner eigenen Tiefe vordringen kann. Für Heidegger sind die beiden

---

43 Heidegger, Martin: Nietzsche. Band 1. GA 6/1. – Frankfurt am Main: Vittorio Klostermann GmbH. 1996. S. 243f.

44 A. a. O. S. 265.

Tiere stolz und klug, und immer wenn die Tiere mit Zarathustra sprechen, wie z. B. sehr eingehend im Abschnitt *Der Genesende* (*vgl.* Za III: 4,270ff.-277) dargestellt, zeigt sich der Gedanke der ewigen Wiederkunft. „[... D]enn worüber Adler und Schlange – die einsamste Einsamkeit – reden wollen und allein reden können, kann nur der Gedanke der ewigen Wiederkunft sein"[45]. Der Adler ist die „einsamste Einsamkeit" und nicht eine bloße Verkörperung davon. Er bringt Zarathustra die Ruhe und die Erhabenheit und ist immer mit ihm, wenn dieser sich mit dem Schwierigsten auseinandersetzen muss; deshalb aber liebt er ihn auch (*vgl.* Za IV: 4,369). Vergessen wir dabei nicht das Motiv des Tierfriedens, welches von der christlichen Überlieferung im Zusammenhang mit den Hagiographien tradiert wurde. Schließlich sind die Tiere Zarathustras normalerweise keine zahmen Tiere; ihre Zahmheit ist nicht zuletzt ein Ausdruck der Heiligkeit bzw. des Status von Zarathustra als Prophet.

Nicht nur der Adler, sondern Vögel allgemein beschäftigen Nietzsche im Zusammenhang mit der Einsamkeit. An Köselitz sendet Nietzsche im August des Jahres 1887 einen Brief und beschreibt ihm darin seinen Aufenthalt in Sils-Maria. Alle Gäste seien inzwischen schon abgereist und Nietzsche sagt von sich im Hotel: „Der Vogel sitzt einsam" (KSB: 8,138). Die etwas ironische Bemerkung kommt nicht von ungefähr. Das Vogeldasein, die Vogelschau sind Nietzsche höchst zu eigen, sind es doch Metaphern für das Berg- und Himmelgefühl, welche wir schon kennen. Schon Zarathustra lässt Nietzsche auf das freie Vogeldasein hinweisen. Im Abschnitt über die *sieben Siegel*, von denen jedes der sieben mit dem Refrain „Denn ich liebe dich, oh Ewigkeit!" endet, besingt uns Zarathustra, damit „[...] aller Geist Vogel werde [...]" und etwas später beschwört Zarathustra seine Freiheit in Form der Vogel-Weisheit herauf: „[... S]o aber spricht Vogel-Weisheit: Siehe, es giebt kein Oben, kein Unten! Wirf dich umher, hinaus, zurück, du Leichter!" (Za III: 4,290f.). Nietzsche evoziert mit dem Vogel das Schweben, das Fliegen und die Leichtigkeit, die in der Höhe vorherrschen.

Der ideale Vogel ist neben dem Adler der Vogel Albatros. Wie Charles Baudelaire in seinen „Fleurs du Mal" eines der ersten Gedichte *L'Albatros* genannt hat, verwendet Nietzsche für eine seiner Dichtungen den Namen dieses Sturmvogels als Titel[46]. Das Gedicht lautet in seinen wesentlichen Zügen folgendermaßen:

---

45 A. a. O. S. 271.

46 Baudelaire ist im Zusammenhang mit Nietzsche von Bedeutung, da er in einigen Aspekten, worunter auch die Einsamkeit hineinfällt, als Inspirationsquelle des Philosophen anzuerkennen ist. *Vgl.* Lämmert, Eberhard: Ebenda. S. 61ff.

O Wunder! Fliegt er noch?
Er steigt empor und seine Flügel ruhn!
Was hebt und trägt ihn doch?
Was ist ihm Ziel und Zug und Zügel nun?

[...]

O Vogel Albatross!
Zur Höhe treibt's mit ew'gem Triebe mich!
Ich dachte dein: da floss
Mir Thrän' um Thräne – ja, ich liebe dich!

(IM: 3,341f.)

Das hier auf zwei Strophen reduzierte Gedicht wurde von Nietzsche etwas später in Form von drei Strophen mit dem Titel *Liebeserklärungen* der „Fröhlichen Wissenschaft“ hinten beigefügt. Dem Vogel Albatros ist die göttliche Höhe inhärent und Nietzsche sehnt sich nach ihm als dem Herrscher des Himmels.

Lämmert deutet auf den Zusammenhang von Baudelaire und Nietzsche in seinem Aufsatz hin und stellt die Albatros-Motive von beiden gegenüber. Er sieht dabei in Nietzsches Albatros einen Vogel, der Gott nicht nur übertrumpft, sondern sogar in seiner Selbstherrlichkeit schon aus seinem Gedächtnis gestrichen hat[47]. Röschl, der mit seiner Beschreibung der Einsamkeitsmotive immer wieder passende Erklärungen derselben offeriert, kennzeichnet den Vogel Albatros als „[...] le thème de l'existence absolument et augustement solitaire, mais, cette fois, considérée comme aussi enviable qu'inaccessible en son altitude [...]“[48]. Claus Zittel wendet gegen eine völlig positive Bewertung der Vögel in Hinblick auf das Gedicht Nietzsches *Es geht ein Wandrer durch die Nacht ...* (*vgl.* KSB: 5,177; KSA: 8,302f. und die Endfassung 11,322f.) ein, dass gerade in jenem Gedicht die Vogelstimme überhaupt nicht einen positiven Zustand darstelle, sondern das Zeichen der unrettbaren

47 *Vgl.* a. a. O. S. 53.

48 Röschl, Herbert: Ebenda. S. 73f. Der Interpret arbeitet in seine Betrachtung des Vogels Albatros auch das Motiv der „Sterne“ ein, was ich nicht geneigt bin zu tun. Mir scheinen die Sterne als Motiv zu wenig im Werk Nietzsches verbreitet zu sein, um eine übergreifende Interpretation geben zu können. Zudem kommen mit den Sternen zur *Verortung der Einsamkeit*, in deren Zusammenhang dieselben behandelt werden müssten, keine neuen Erkenntnisse dazu. Die Sterne sind nur ein anderer Aspekt des Höhenmotivs, welches ich ausführlich am Berg, am Himmel und an den Vögeln zu exemplifizieren versucht habe.

Verlorenheit sei[49]. Er bringt mit seiner Feststellung die andere Seite der Vögel zum Vorschein. Neben den guten Vögeln existieren nämlich auch Vögel als Unheilverkünder, was unsere Betrachtungen weiterführen kann.

Schon Zarathustra wusste, dass man Vögel mit einem Netz leicht fangen kann (*vgl.* Za IV: 4,375). Ihre Freiheit ist bis zu einem gewissen Grade begrenzt und auch sie sind, sobald sie aus ihren Höhen herabfliegen und sich auf der Erde niederlassen, gegen negative Ereignisse nicht gefeit. Wir haben es bei Nietzsche zudem neben den erhabenen Vögeln wie dem Albatros und dem Adler mit von Grund aus bösen Vögeln zu tun. Nietzsche setzt den beiden Vogelgattungen die Krähe gegenüber, die, wie nicht anders zu erwarten, Ausdruck der tiefsten Vereinsamung ist. Auch dazu besitzen wir eine Dichtung von Nietzsche mit dem Titel *Der Freigeist*:

> Die Krähen schrei'n
> Und ziehen schwirren Flugs zur Stadt:
> Bald wird es schnei'n –
> Wohl dem, der jetzt noch – Heimat hat!
>
> [...]
>
> Flieg', Vogel, schnarr'
> Dein Lied im Wüsten-Vogel-Ton! –
> Versteck', du Narr,
> Dein blutend Herz in Eis und Hohn!
>
> Die Krähen schrei'n
> Und ziehen schwirren Flugs zur Stadt:
> Bald wird es schnei'n,
> Weh dem, der keine Heimat hat!
>
> (KSA: 11,329)

Der Vogelgesang wird zum Geschrei bzw. zum „Wüsten-Vogel-Ton", der stille edle Flug des Vogels Albatros wird zum Schwirren der Krähen degradiert und der angesprochene Vereinsamte muss um seine Heimat und um seine Existenz bangen. Das Vogelmotiv steht somit in einer Reihe mit der Wüste, dem Meer und dem Berg: Alle drei haben eine gute und eine schlechte Seite vorzuweisen.

49 *Vgl.* Zittel, Claus: Abschied von der Romantik im Gedicht. Friedrich Nietzsches „Es geht ein Wandrer durch die Nacht". S. 193-206. In: Nietzscheforschung. Band 3. - Berlin: Akademie Verlag. 1995. S. 202.

Am Ende seiner philosophischen Existenz angelangt, demonstriert uns Nietzsche, dass er die bis dahin ambivalente Vogel-Metapher und nicht nur diese überwunden zu haben glaubte. Er schreibt dazu im „Ecce Homo": „Wer mir aber durch *Höhe* des Wollens verwandt ist, erlebt dabei wahre Ekstasen des Lernens: denn ich komme aus Höhen, die kein Vogel je erflog, ich kenne Abgründe, in die noch kein Fuss sich verirrt hat". (EH: 6,302). Sämtliche Metaphern, die ich versucht habe in eine sinnvolle Reihenfolge zu bringen in der Hoffnung, dass damit die denkerische Bewegung Nietzsches aufzufangen und zu beschreiben ist, um eine Basis für den weiteren Verlauf des Werkes zu schaffen, haben auf geographische Gebiete und Lebewesen abgezielt. Im Aufsatz zu einigen der behandelten Motive gibt uns Bonesio für diesen Abschnitt eine treffende Schlussbemerkung:

> "L'aspirazione affermativa di Nietzsche si esprime nel linguaggio metaforico dei fenomeni naturali e dei paesaggi più amati, per simbolizzare la tensione riconciliativa verso la vita, tale da non abbandonare la ragione e non ripiombare nell'indistinzione violenta del caos"[50].

Damit endet meine Untersuchung der Metaphern noch nicht, denn es gibt noch eine wichtige Metapher der Einsamkeit, welche thematisch nicht zu den letzteren Metaphern dazu passt. Trotzdem helfen ihre Merkmale, mitunter wichtige Aspekte der nietzscheanischen Formen der Einsamkeit aufzudecken. Gemeint sind die sieben Einsamkeiten bzw. die siebente Einsamkeit.

2.5 Die sieben Einsamkeiten

Was hat es mit dem Ausdruck „siebente Einsamkeit" auf sich? Im Verständnis Nietzsches finden wir nicht nur eine Hin- und Herbewegung – den Übergang von der positiven zur negativen Einsamkeit –, sondern auch eine proportionale Steigerung der Einsamkeit. Nietzsche versucht mit sieben verschiedenen Möglichkeiten der Einsamkeit anzudeuten, dass im menschlichen Leben sieben Grade der Einsamkeit durchlebt werden können. Nietzsche gibt uns mit seinen sieben Einsamkeiten einige Rätsel auf und in seiner Zeit hat er sich in einem Brief im Juni 1885 an Resa von Schirnhofer schon dazu geäußert, dass niemand seine sieben Einsamkeiten kennen würde: „Ah, wer *kennt* meine *‚sieben Einsamkeiten'*!" (KSB: 7,59). Kennen wir sie heute vielleicht besser? Das muss sich in dieser Untersuchung erst zeigen.

Der Philosoph Nietzsche verwendet die Metapher der sieben Einsamkeiten relativ spät in seinem Werk. Erst mit dem Zarathustra nimmt Nietzsche eine systematische Auseinandersetzung mit den sieben Ein-

---

50 Bonesio, Luisa: Ebenda. S. 257.

samkeiten vor, welche vorher nur rudimentär vorhanden ist. Immer wieder findet man die sieben Einsamkeiten ab jenem Zeitpunkt in Aufzählungen als Titel aufgeführt. Wie ich im Kapitel über den Begriff der Einsamkeit bei Nietzsche schon ausgeführt habe, haben wir im Herbst des Jahres 1883 erstmals Versuche systematischer Behandlung der Einsamkeit desselben bemerken können. Eine interessante Aufstellung bietet sich uns dabei in einer etwas abgewandelten Form von der schon zitierten Aufstellung. In der weiter oben zitierten Aufzählung behandelt Nietzsche acht verschiedene Einsamkeiten. Es gibt einen früheren Versuch, der uns im Bezug auf die sieben Einsamkeiten weiterführen kann. Gemeint ist ein Verzeichnis, das nicht acht, sondern sieben Einsamkeiten aufzählt, indem es den „einzigen Willen" als Einsamkeit weggelassen hat. Nietzsche nummeriert sogar die einzelnen Einsamkeiten und fügt am Ende derselben das Ansinnen an, dass er zu jeder Einsamkeit dreizehn Seiten schreiben will, welche jedes Mal vom „überwindenden Gedanken" abgeschlossen werden sollen (*vgl.* KSA: 10,521f.). Meiner Meinung nach können wir mit einiger Gewissheit annehmen, dass Nietzsche hier die sieben Einsamkeiten aufzählt. Gerade die Steigerung der Einsamkeiten in einen überwindenden Gedanken, der von der Einsamkeit in Scham und Schwäche bis zur Einsamkeit des Kranken reicht und endlich im großen Schlussereignis des „**ich will**" von Zarathustra mündet (*vgl.* KSA: 10,522), lässt einen solchen Schluss zu. Die Überwindung der ersten bis zur letzten Einsamkeit ist das Ziel Zarathustras und somit das Ziel Nietzsches.

Unabhängig von diesen Vorarbeiten zum dritten Teil des Zarathustra, die allem Anschein nach von Nietzsche in der Umsetzung vom „Also sprach Zarathustra" nicht mehr konsequent ausgearbeitet wurden, besteht die Möglichkeit, die Steigerung der Einsamkeit anhand der Dichtung in den „Dionysos-Dithyramben" zu beobachten. Im Gedicht *Das Feuerzeichen* formuliert Nietzsche Zarathustras Steigerung der Einsamkeit so: [...]

Sechs Einsamkeiten kennt er schon –,
aber das Meer selbst war nicht genug ihm einsam,
die Insel liess ihn steigen, auf dem Berg wurde er zur Flamme,
nach einer *siebenten* Einsamkeit
wirft er suchend jetzt die Angel über sein Haupt.
Verschlagne Schiffer! Trümmer alter Sterne!
Ihr Meere der Zukunft! Unausgeforschte Himmel!
nach allem Einsamen werfe ich jetzt die Angel:
gebt Antwort auf die Ungeduld der Flamme,
fangt mir, dem Fischer auf hohen Bergen,
meine siebente *letzte* Einsamkeit!

(DD: 6,393f.)

Zarathustra legt in diesem Gedicht den Weg von der sechsten zur siebten und letzten Einsamkeit zurück. Denn für Nietzsche führt „[d]er Weg durch alle 7 Einsamkeiten". (KSA: 10,571). Dass das Unterfangen nicht einfach anmutet, erklärt uns Nietzsche in einem Fragment aus dem Winter 1884-1885 mit der Überschrift *Die sieben Einsamkeiten*: „Und wenn ich einmal mit Wölfen heulen muß, so mache ich's gut genug; und mitunter sagte ein Wolf: ‚du heulst besser als wir Wölfe'". (KSA: 11,409). Diese Aussage deute ich ähnlich wie Heideggers Versuch einer Erklärung der „einsamsten Einsamkeit" in dem Sinne, dass der Weg durch die sieben Einsamkeiten eine Verwandlung für denjenigen, der sie wagt, bedeutet und dass er eine bis ins schmerzhafteste Innere vordringend Bewegung vollziehen muss, die selbst das Heulen mit den Wölfen mit einschließen kann.

Unmittelbar verbunden ist die Dichtung mit dem gleich darauf folgenden Gedicht *Die Sonne sinkt*, wo im Bild der untergehenden Sonne der Tod bezeichnet wird und in eine neuerliche Anrufung der siebten Einsamkeit mündet: [...]

> Siebente Einsamkeit!
> Nie empfand ich
> näher mir süsse Sicherheit,
> wärmer der Sonne Blick.
> – Glüht nicht das Eis meiner Gipfel noch?
> Silbern, leicht, ein Fisch
> schwimmt nun mein Nachen hinaus ...
>
> (DD: 6,397)

Die Flamme und die Sonne sind langsam im Erlöschen. Das kontinuierlich von Röschl angeführte Motiv von Leben und Tod findet hier seinen Niederschlag[51]. Auch im „Nietzsche-Handbuch" wird im Eintrag *Einsamkeit* aufgrund der Interpretation von Nietzsches Einsamkeit als ästhetischer Konsequenz darauf hingewiesen, dass die siebente Einsamkeit in enger Beziehung zur Todesmetaphorik steht[52].

Ist es gar die siebente Einsamkeit, die den Tod mit sich bringt oder müssen wir die siebente Einsamkeit vielleicht wirklich als die Einsamkeit des Kranken und somit als jene gefährlichste Einsamkeit an den Grenzen des Lebens zum Tod annehmen, die durchlebt nur mehr zurück ins Le-

---

51 *Vgl.* Röschl, Herbert: Ebenda. S. 46. Interessant ist an dieser Stelle der Verweis von Röschl, dass das Glühen bzw. die im selben Gedicht vorkommende Flamme bei Zarathustra zwei Seiten hat: „[... L]a flamme ne dévore pas seulement les choses qu'elle saisit, elle se dévore elle-même [...]". (A. a. O.).

52 *Vgl.* Ottmann, Henning (Hrsg.): Nietzsche-Handbuch. - Stuttgart/Weimar: J. B. Metzler Verlag. 2000. S. 218.

ben zum Willen streben kann? Letzteren Schluss bestätigt eine Darstellung der siebenten Einsamkeit in der „Fröhlichen Wissenschaft", wo Nietzsche die uns schon bekannte Metapher des Wanderers verwendet, um einen Zustand des ständigen In-Bewegung-Seins aufzuzeigen, der in die siebente Einsamkeit wie in die Wüste hinein- und wieder herausgeht (*vgl.* FW: 3,545f.). Der Wanderer ist das Bild des Philosophen und den „neuen" Philosophen stellt Nietzsche in einem Fragment aus dem Sommer 1885 vor. Darunter ist ein Philosoph zu verstehen, der im Verborgenen lebt und denkt und selbst seinesgleichen nicht erkennt, da alle Masken tragen werden. Was die dadurch erzeugte Einsamkeit betrifft, meint Nietzsche: „Wir werden allein leben und wahrscheinlich die Martern aller sieben Einsamkeiten kennen". (KSA: 11,559). Angenehm ist der Weg durch die sieben Einsamkeiten also wirklich nicht. Ein Zugang des Denkens zum Leben schützt nicht vor den sieben Einsamkeiten, was Nietzsche dem angesprochenen Individuum vorsagt: „[... D]u hast keinen fortwährenden Wächter und Freund für deine sieben Einsamkeiten [...]". (FW: 3,527).

In der Forschung haben sich zur Zahl Sieben diverse Meinungen herauskristallisiert. Einige Bücher mit verheißungsvollen Titeln erwiesen sich bei einer Lektüre als wenig brauchbar für die Thematik der siebenten Einsamkeit. Ralph Harper widmet sein Buch der Behandlung von Søren Kierkegaard, Fëdor Michailovič Dostoevskij und Nietzsche im Bezug zu ihrem Verhältnis von Gott und der Einsamkeit. Für Harper ist die siebente Einsamkeit die einzige neue Form der Einsamkeit, welche im 19. und 20. Jahrhundert entstanden zu sein scheint. In einer Erklärung der Einsamkeit unterstreicht er die neue Einsamkeit, indem er schreibt: „There is one exception, the new self-conscious solitude of those who record the absence or silence of God"[53]. Das ist für ihn die implizite Erklärung der *seventh solitude*. Der Interpret der Einsamkeit bei Nietzsche, Meyer, legt der Zahl Sieben die Bedeutung eines reinen Epitheton der Magie bei[54]. Schlüssiger scheint mir dabei schon die Interpretation von Rudolf Walter zu sein, welcher in der Zahl Eins die Einheit Gottes und in der Zahl Sieben die Zahl des Weges erkennen will. Es handelt sich dabei um den Weg vom Anfang zum Ende[55], den Nietzsche vielleicht in An-

53 Harper, Ralph: The Seventh Solitude. Man's Isolation in Kierkegaard, Dostoevsky and Nietzsche. - Baltimore/Maryland: The John Hopkins Press. 1965. S. 5.

54 *Vgl.* Meyer, Theo: Nietzsche: Kunstauffassung und Lebensbegriff. - Tübingen: A. Francke Verlag. 1991. S. 568.

55 *Vgl.* Walter, Rudolf: Ein Schatten, den das Leben selber wirft. S. 5-18. In: Walter, Rudolf (Hrsg.): Von der Kraft der sieben Einsamkeiten. - Freiburg im Breisgau: Herder. 1983. S. 8.

lehnung an Leben und Tod oder aber Leben und Unsterblichkeit gedacht haben könnte.

Walter denkt in seiner Interpretation an eine theologische Auslegung der siebenten Einsamkeit. Als allegorische Zahl, die in sich die Trinität und die vier Evangelisten vereint, kannte Nietzsche die Zahl Sieben sicherlich. Noch naheliegender ist meiner Meinung nach die Vermutung, dass Nietzsche an die sieben Tage der Weltschöpfung denkt, wenn er von den sieben Einsamkeiten spricht. Gestützt wird die Behauptung von einem auf die schon zitierten Gedichte in den „Dionysos-Dithyramben" folgenden Gedicht namens *Von der Armut der Reichsten*, von welchem ich eine ganze Strophe zitieren möchte, die sehr schön auch noch einmal die schon bekannten Motive der Einsamkeit Revue passieren lässt: [...]

> Krank heute vor Zärtlichkeit,
> ein Thauwind,
> sitzt Zarathustra wartend, wartend auf seinen Bergen,–
> im eignen Safte
> süss geworden und gekocht
> *unterhalb* seines Gipfels,
> *unterhalb* seines Eises,
> müde und selig,
> ein Schaffender an seinem siebenten Tag.
>
> (DD: 6,407f.)

Man könnte sogar so weit gehen, die siebente Einsamkeit identisch zu setzen mit den sieben Weltschöpfungstagen. Zarathustra ist deshalb unterhalb seines Gipfels und seines Eises, weil er momentan noch in der siebten Einsamkeit – seiner letzten Einsamkeit, wie sie im dritten Teil des Zarathustra begann (*vgl.* Za III: 4,195) – lebte und diese noch nicht überwunden hatte.

Mit der Behandlung der sieben Einsamkeiten bin ich am Schluss der Untersuchung der Metaphern der Einsamkeit angekommen. Die oft nur angedeuteten Bewegungen der Einsamkeit sollen im nächsten Kapitel genauer dargestellt werden und noch einen letzten Punkt bilden vor dem zweiten Teil der Formen der Einsamkeit bei Friedrich Nietzsche.

3 Die Bewegungen der Einsamkeit

Unter den Bewegungen der Einsamkeit kann man sich Vorgänge vorstellen, die in der Einsamkeit selbst zu Verschiebungen bzw. zu neuen Positionierungen führen. Obwohl man annehmen kann, dass die Einsamkeit in ihrer Bedeutung klar und eindeutig verstanden werden muss, ist sie trotzdem Bedeutungsverschiebungen unterworfen. Wir haben es mit einer breiten Bedeutungspalette der Einsamkeit zu tun, die eine paradigmatische Darstellung nicht so einfach zulässt. Nietzsche macht uns die konsequente Verfolgung der Bewegungen der Einsamkeit nicht leicht; bisweilen überschneiden sich bei ihm die schon beim Begriff der Einsamkeit herausgearbeiteten Abgrenzungen, während es sogar dazu kommt, dass die Begriffe ineinander übergehen bzw. verschwimmen. In einem solchen Dilemma das richtige Maß für die Untersuchung zu finden, ist nicht einfach, wenngleich man auch einige Linien verfolgen kann, die zu „groben" Resultaten führen. Eine grobe strukturelle Gliederung hat uns die begriffliche Festlegung der Einsamkeit schon eingebracht, wo die Einsamkeit zum Alleinsein und die Verlassenheit zur Vereinsamung gezählt wurden: Erstere Begriffsgruppe ist als Andeutung der positiven und notwendigen Einsamkeit zu verstehen, während letztere Begriffsgruppe als Hinweis auf eine nicht mehr aushaltbare und zerstörerische Einsamkeit hindeutet.

Nietzsche spielt mit diesen Bedeutungen und zeichnet dabei das, was man ein Vexierbild nennt, welches zwischen positiver und negativer Einsamkeit ohne Übergang hin- und hergleitet. Fast ist man geneigt, eine Analogie zum Vexierbild zu sehen, welches im Grunde genommen substanziell immer als Bild aus denselben Bestandteilen besteht, aber vom Betrachter unterschiedlich wahrgenommen werden kann. Meistens geschieht die Wahrnehmung je nachdem, wie der Betrachter die Grenzen des dargestellten Bildes einschätzt: entweder als Innengrenzen oder als Außengrenzen. Ähnlich funktionieren bei Nietzsche die Mechanismen der Einsamkeit. Die Einsamkeit als Zentrum bleibt grundsätzlich gleich, was sich ändert, ist deren Betrachtungsweise. Um dem Bild der Analogie zu folgen, kann man sagen, dass wir nun einen Betrachter haben, der in der Einsamkeit selbst lebt und deshalb die Innengrenzen der Einsamkeit in ausreichendem Maß ausloten kann, während jemand, der die Einsamkeit nicht lebt oder erlebt hat, im Denken die Außengrenzen abtasten kann. Natürlich sind beide Betrachter nur ideale Vertreter des Individuums, welches mit der Einsamkeit zu tun hat. Grundsätzlich überschneiden sich nämlich bei jedem Menschen die beiden Betrachtungsweisen, indem jeder einsame Zeiten zu durchleben hat und, wenn ihm dies sinnvoll erscheint, auch über Einsamkeit nachdenken kann.

Bei Nietzsche finden wir beide Aspekte: Einerseits sind wir mit seinem heimatlosen Leben in der Einsamkeit konfrontiert, welches wir hauptsächlich in seinen Briefen verfolgen können; andererseits finden wir Anhaltspunkte im philosophischen Werk Nietzsches, wo dieser über die Einsamkeit nachdenkt. Die Frage stellt sich im Zusammenhang mit der Bewegung in der Einsamkeit nach der Art der Vorgänge. Wie ist ein Übergang von einer positiven zu einer negativen Einsamkeit möglich und warum muss ein solcher Unterschied überhaupt existieren? Meiner Ansicht nach gibt es nämlich zwei verschiedene Bewegungen der Einsamkeit, die sich zwar nicht konträr entgegenlaufen, dafür aber gegenseitig schneiden. Ich unterscheide dabei in eine horizontale Bewegung der Einsamkeit, die von der Einsamkeit zur Vereinsamung führt und in eine vertikale Bewegung, die, indem sie die Terminologie von Theo Meyer als dem größten Erforscher der Einsamkeit bei Nietzsche aufgreift, von einer funktionalen Einsamkeit zu einer absoluten Einsamkeit führt. Die in den vorhergehenden Kapiteln erreichten Ergebnisse können uns in dieser Hinsicht nützlich sein, um den großen ersten Teil, der sich als deskriptiver Abschnitt versteht, abschließen zu können. Den Anfang bildet die horizontale Bewegung in der Einsamkeit.

3.1 Horizontale Bewegungen

In den Vorbemerkungen zu diesem Abschnitt wurde erwähnt, dass eine große Schwierigkeit bei Nietzsche in der klaren Abgrenzung eines Begriffes der Einsamkeit zu anderen Begriffen der Einsamkeit sich bemerkbar macht und beinahe in Analogie zu einem Vexierbild von einem Aspekt der Einsamkeit zum nächsten umschlagen kann. Die Darstellung der Metaphern der Einsamkeit, insbesondere bei der Verortung der Einsamkeit, hat gezeigt, dass in den Beispielen der Wüste, des Meeres und des Berges/des Gletschers unter anderem eine binäre Struktur vorhanden ist. Es gibt zum positiven Ort der Einsamkeit immer einen, meist mit pejorativen bzw. negativ konnotierten Adjektiven versehenen, negativen Ort der Einsamkeit, in denen das betreffende Individuum eingebunden ist. Auch den Tieren ist dieser markante Unterschied inhärent, wie der Vergleich vom Adler und dem Albatros mit den Krähen aufgezeigt hat. Der deskriptive Zugang hat aber noch nicht die Art des Übergangs beinhaltet und auch noch keineswegs von den Ursachen der Trennung der Verortungen gesprochen.

Vorerst ist aber zu klären, weshalb die erste Bewegung der Einsamkeit eine horizontale sein muss. Meiner Meinung nach ist eine Beschreibung des Übergangs von der Einsamkeit zur Vereinsamung als horizontale Bewegung zu behandeln, da es sich dabei um keine qualitative Verschiebung an sich handelt. Mit einer qualitativen Verschiebung wäre eine Steigerung verbunden, die im Übergang von der Einsamkeit zur Vereinsamung nicht gegeben ist. Natürlich gibt es innerhalb des jeweiligen Begriffes eine mögliche Steigerung der Einsamkeit, welche z. B. von einer leichten Vereinsamung zu einer „furchtbaren" Vereinsamung mutieren kann, bzw. eine Veränderung von einer wertfreien, gelebten Einsamkeit zu einer fruchtbaren Einsamkeit umfassen kann. In beiden Fällen steigert sich der Zustand bzw. das Gefühl der Einsamkeit oder der Vereinsamung, nur findet dann kein Übergang und keine Bewegung innerhalb der Opposition statt. Es handelt sich bei der horizontalen Bewegung also immer um eine Bewegung, die sich zwischen zwei ungefähr wertgleichen Begriffen auf einer Ebene vollzieht. Stellt man die auftretenden Begriffe, die mit der Einsamkeit oder mit der Vereinsamung in Zusammenhang stehen, im Werk und in den Briefen Nietzsches gegenüber, so kommt man insgesamt auf ein ausgewogenes Mengenverhältnis. Beide Bedeutungen kommen ungefähr gleich oft vor, wenn auch die positive Einsamkeit im philosophischen Werk ein wenig überwiegt, während sie in gewissen Zeitabschnitten in den Briefen ganz verschwindet.

Ein weiteres Faktum in der Untersuchung ist bei den beiden erwähnten Einsamkeitsmöglichkeiten deren unscharfe Trennung. Wenn ich nämlich versuche aus den Begriffen „Einsamkeit" und „Vereinsamung", sowie den Adjektiven „positiv" und „negativ" Konjunktionen zu bilden, so erhalte ich in allen vier Verbindungen unter Berücksichtigung der Verwendung derselben bei Nietzsche vier wahre Konjunktionen: Es gibt eine positive Einsamkeit, eine positive Vereinsamung, eine negative Einsamkeit und eine negative Vereinsamung. Dieser Umstand erschwert die klare Darstellung bedeutend. Ich glaube aber trotz der unscharfen Trennung der Begriffe bei Nietzsche die horizontale Bewegung korrekt darstellen zu können, wenn ich in einem ersten Schritt den Unterschied von zwei Einsamkeiten, wie sie Nietzsche kennt, genau umreiße und in einem zweiten Schritt den Übergang zu beschreiben versuche.

In der „Morgenröte" führt Nietzsche zwei verschiedene Einsamkeiten an, indem er nach dem Kriterium des Ausdrucks der Einsamkeit unterscheidet:

> „Auf die Welt verzichten, ohne sie zu kennen, gleich einer *Nonne,* – das giebt eine unfruchtbare, vielleicht schwermüthige Einsamkeit. Diess hat Nichts gemeinsam mit der Einsamkeit der vita contemplativa des Denkers: wenn er *sie* wählt, will er keineswegs entsagen; vielmehr wäre es ihm Entsagung, Schwermuth, Untergang seiner selbst, in der vita practica

ausharren zu müssen: auf diese verzichtet er, weil er sie kennt, weil er sich kennt. So springt er in *sein* Wasser, so gewinnt er *seine* Heiterkeit". (M: 3,269)

Wie das Zitat zeigt, ist es aber nicht nur der Ausdruck der Einsamkeit, den Nietzsche aufspaltet, sondern auch zwei unterschiedliche Auffassungen der Einsamkeit: jene der Nonne und mit ihr jene der christlichen Tradition als die Einsamkeit in Form des heiligen Einsiedlers und des Anachoreten und jene des Philosophen. Die schwermütige Einsamkeit der ersteren wird durch die heitere Einsamkeit des letzteren kontrastiert. Interessanterweise nimmt Nietzsche ein weiteres Element zur Unterscheidung auf, welches z. B. schon in Senecas „De brevitate vitae" verwendet wurde, dann aber sich im Mittelalter zu einem Unterscheidungsmerkmal in religiösem Kontext entwickelte: die *vita contemplativa* und die *vita activa*. Anzunehmen ist, dass Nietzsche gerade diese Unterscheidung als ironischen Übergang versteht; so hat doch auch die Nonne eigentlich für sich die *vita contemplativa* zu wählen, sobald sie zur Nonne wird und trotzdem markiert Nietzsche die Philosophenexistenz als eine solche Möglichkeit des Lebens, weil aber auch der Unterschied im Wesentlichen nicht darin liegt[56]. Der übergeordnete Unterschied ist auf einer Seite der Verzicht auf eine im Grunde genommen nicht bekannte Welt, die auf der anderen Seite der Philosoph nicht nur gut kennt, sondern auch noch um eine ausreichende Kenntnis seiner selbst ergänzt. Das wichtigste Element ist schlussendlich der Philosoph sich selbst, was Nietzsche mit den hervorgehobenen Possessivpronomen im Zitat verstärkt andeutet.

Im erwähnten Beispiel haben wir zwei mögliche Ausdifferenzierungen des Begriffs der Einsamkeit. In der Konzeption zum Zarathustra erkennt Nietzsche die Notwendigkeit erstmals, in eine Vereinsamung und in eine Einsamkeit den Zustand der Einsamkeit zu unterscheiden. Er formuliert dies so: „Gegensatz darzustellen zwischen den *Mißrathenen* (Vereinsamten) und dem zusammen erwachsenen ausgewählten ‚Volke'". (KSA: 11,343). Die vereinsamten Individuen sind die schlechten Individuen in Opposition zu den Auserwählten. Hier kommt es zu einer semantischen Trennung von Vereinsamung und Einsamkeit, wo die Vereinsamung als zu vermeidender Zustand dargestellt wird. Man ist

56 In einem Fragment aus dem Sommer 1880, welches genau dasselbe Beispiel mit der Nonne bringt, präzisiert Nietzsche, dass die *vita contemplativa* nichts von einer Entsagung an sich haben soll, weil eben gerade die *vita activa* für einige Individuen schon eine Entsagung darstellt. Nietzsche behauptet sogar - und nun wird uns die Unterscheidung noch um einiges deutlicher -, dass die *vita contemplativa* nicht einsam sein muss, weil darin selbst eine Ehe möglich ist (*vgl.* KSA: 9,110f.).

fast von Natur aus zur guten Einsamkeit erwählt, bzw. man muss schon eine gewisse Voraussetzung mitbringen, um einsam sein zu können. In den schon zuvor erwähnten Fragmenten des Sommers 1880 finden wir ebenso eine Klärung der Voraussetzungen, die man mitbringen muss, damit eine fruchtbringende Einsamkeit möglich wird. Für Nietzsche ist der Charakter des Einzelnen dabei der Ausgangspunkt, um eine Einsamkeit ertragen zu können oder erleiden zu müssen. In diesem Sinne stellt er das Diktum auf: „Nein, man soll sich mit *gebildetem Charakter* erst in die Einsamkeit begeben – nicht zu früh!" (KSA: 9,110). Ansonsten ist eine vorherige Bildung des Charakters in der Welt und in der Gesellschaft vonnöten.

Damit wir auch ein Beispiel einer Aufspaltung in der Vereinsamung selbst haben, bietet sich ein Brief von Nietzsche an Ida Overbeck im Juli 1883 an, wo gerade der Eklat mit Lou Salomé und Paul Rée Nietzsche nach eigenen Aussagen in die Tiefe der Vereinsamung zieht, aber: „Wahrhaftig, *ganz abgesehn* von allen elenden Erfahrungen und der ungeheuren Vereinsamung, in der ich seit Jahren lebe – das, was mich am stärksten am Leben festhält, ist auch das, was mir die tiefsten Nöthe und Desperationen bringt und bringen muß –". (KSB: 6,413). Die Vereinsamung ist eines der konstitutiven Elemente des Lebens und trägt in ihrer Ambivalenz den positiven und den negativen Ausdruck in sich. Die Notwendigkeit der Vereinsamung ist zugleich das Verhängnis, welches in ihr vorhanden ist und damit zeigt Nietzsche einen typischen Zug auf, wie ihn die Dekonstruktion bei Jacques Derrida offeriert: Man liest einen Begriff anhand eines Textes zunächst als positiven Begriff, zeigt dann aber vermittels desselben Textes seine negative Bedeutung auf und konstruiert auf dieser, über den Widerspruch führenden, Destruktion einen neuen Begriff. Es handelt sich für diese Untersuchung bei diesem neuen Begriff um jenen der „absoluten" Einsamkeit, der sich aber erst in der vertikalen Bewegung äußert und dort beschrieben wird.

Jetzt soll aber noch Zarathustra zitiert werden, welcher den Kreis schließt, der bei der Einsamkeit, die positiv oder negativ sein kann, begonnen hat, indem er wiederum den Unterschied der einen Einsamkeit und der anderen Einsamkeit thematisiert: „Des Einen Einsamkeit ist die Flucht des Kranken; des Andern Einsamkeit die Flucht *vor* den Kranken". (Za III: 4,221). Ein Mensch flieht in die Einsamkeit, weil er krank ist und der andere Mensch flieht in die Einsamkeit, weil er nicht krank werden will bzw. den Kranken als subversives Element zu meiden versucht. In dieser Aussage können wir einen engen Bezug zur Biographie Nietzsches erkennen, wo dieser vor seiner Krankheit, die die Vereinsamung mit sich bringt, zu fliehen versucht und ebenso allem „Kranken" (z. B. in der Moral) ein Ende setzen will. Eine letzte biographische Verbindung lässt Nietzsche im Brief vom Dezember 1888 an Hippolyte Taine erkennen, wo er noch einmal die Begriffe Einsamkeit und Vereinsamung zusammenbringt, aber in einer Relation, die nicht mehr mit den tatsächlichen Ereignissen seines Lebens zusammenhängt. Er erklärt Taine:

> "Es war im Grunde die *erste* Stimme, die ich hörte. Denn meine Einsamkeit war immer vollkommen. Nicht daß ich dies beklagte. Ich glaube, es ist die Grundbedingung dafür, jenen äußersten Grad von Selbstbesinnung zu erreichen, der das Wesen meiner Philosophie ausmacht. Auch spricht meine gute Laune dafür, daß es das Rechte war: ich habe nie an ‚Vereinsamung' gelitten."
>
> (KSB: 8,532)

In diesem Schreiben zeigt Nietzsche meiner Ansicht nach fälschlicherweise, dass er nie an Vereinsamung gelitten habe und legt damit fest, dass die Vereinsamung im Unterschied zur Einsamkeit einen negativen Zustand beschreibt.

Was noch nicht genau erklärt wurde, ist der Übergang von einer Einsamkeit in die andere, obwohl es in den Zitaten schon unterschwellig mitgeklungen hat. Der Übergang ist sicherlich einmal von der Art der Motive determiniert, weshalb sich jemand in die Einsamkeit begibt. Wie nach Nietzsche eine Nonne aufgrund ihres Motives des Rückzugs nur schwer die „heitere Einsamkeit" erreichen kann, widerfährt es dem Philosophen im Idealfall nicht, in eine schwermütige Einsamkeit abzugleiten. Ebenfalls kann das Individuum mit einem ungebildeten Charakter in der Einsamkeit nicht froh werden. Es findet ständig eine Gegenüberstellung von Missratenem und Auserwähltem statt, wo die Einsamkeit von der Natur der Menschen, die sich in die Einsamkeit begeben, konstituiert wird. Eine andere Möglichkeit des Übergangs in der Bewegung der Einsamkeit ist frei von dieser vorhersehbaren determinierten Einsamkeitsbestimmung, weil sie innerhalb eines Individuums geschieht. Die Zitate aus den Briefen Nietzsches demonstrieren diese Form der Einsamkeit, wenn sie ganz klar darauf hinweisen, dass Nietzsche Einsamkeit und Vereinsamung erlebt, auch wenn er zum Schluss behauptet, dass er nie vereinsamt war. Ganz selbstverständlich ist diese Gefahr immer evident und vorhanden, denn der Mensch ist nicht ein Gerät, welches man auf eine durchgehend heitere Einsamkeit[57] einstellen kann, sondern eine Persönlichkeit, die in der Einsamkeit gleichfalls von der Qual der Vereinsamung bedroht ist (*vgl.* z. B. KSA: 12,56). Es ist der

---

57 Nietzsche deutet selbst darauf hin, dass man auf jeden Fall „die *gute* Einsamkeit, die freie muthwillige leichte Einsamkeit, welche euch auch ein Recht giebt, selbst in irgend einem Sinne noch gut zu bleiben" (JGB: 5,42f.) wählen soll, aber nicht immer davor gefeit ist, in eine Vereinsamung zu gelangen.

gefährliche schmale Grat, auf dem man wandelt, wenn man einerseits die Einsamkeit selber wählt, weil sie notwendig ist, andererseits aber nicht vorhersehen kann, dass man von der Vereinsamung negativ beeinträchtigt wird.

In der Nietzscheforschung wurde diese Bewegung, dieses Umschlagen von der Einsamkeit zur Vereinsamung und *vice versa*, sehr ausführlich behandelt. Abgesehen von den biographischen Implikationen der Bewegung, die in einem gesonderten Kapitel behandelt werden, sollen hier nur einige wichtige Anmerkungen dazu gemacht werden. Der Aufsatz, der sich spezifisch gerade mit der Einsamkeit im Zusammenhang mit der horizontalen Bewegung auseinandersetzt, stammt von Hubertus Tellenbach und bezieht sich auf das „antinomische" Denken Nietzsches[58]. Sein Zugang wird vom Leben Nietzsches und seiner Krankheit, die in den Wahnsinn führte, als Ausgangspunkt motiviert. Für Tellenbach stellt sich die Frage nach dem Auslöser für die geistige Umnachtung Nietzsches und er glaubt sie im antinomischen Denken gefunden zu haben. Ihm schwebt darunter das Denken Nietzsches vor, welches in einigen Bereichen den Anschein erweckt, dass Nietzsche sowohl einen positiven Begriff als auch dessen negatives Gegenteil in der Form von *coincidentia oppositorum* zu denken versucht hat. Mit der Antinomie des Denkens ist das Denken des Widerspruchs gemeint. Tellenbach leitet davon das Aufgeriebenwerden Nietzsches „durch unauflösbare existentielle Antinomien" ab.

Wie wir gesehen haben, besteht eigentlich auch bei der Einsamkeit im Zusammenhang mit der Vereinsamung eine solche Manifestation des antinomischen Denkens, was dazu führt, dass im Großen und Ganzen weder der eine noch der andere Begriff eine semantische Eindeutigkeit erhalten, da sie jederzeit ins Gegenteil umschlagen können. Tellenbach nimmt eine chronologische Deutung im Bezug auf das antinomische Denken vor und erkennt ein zuerst vorhandenes Alternieren von Begriffen, welches sich in der Folge davon zu einem Mechanismus der „Selbstwidersprochenheit" weiterentwickelt[59]. Ein schmerzlicher Effekt ist dabei die mit einherschreitende geistige Verzweiflung, welche nach der Meinung Tellenbachs Nietzsche eingeholt hat. Tellenbach geht ebenso auf eine etwas andere Form der Antinomie genauer ein, nämlich die

---

58 Tellenbach, Hubertus: Nietzsches Aufgeriebenwerden durch unauflösbare existentielle Antinomien. S. 38-52. In: Daseinsanalyse: Zeitschrift für phänomenologische Anthropologie und Psychotherapie. Band 10. - Basel: S. Karger Verlag. 1993.

59 *Vgl.* a. a. O. S. 43.

Antinomie von der Vereinsamung und dem Streben nach Freundschaft[60], gelangt aber immer wieder zurück zur Unvermittelbarkeit der Antinomien.

Im Nietzsche-Handbuch wird von der „[...] Ambivalenz von heroischem Einzelgängertum einerseits und kritischer Nähe zur Verzweiflung andererseits“[61] gesprochen, die wir bei Nietzsche finden und bei Erich Mende manifestiert sich in seinem Buch zu Nietzsche schon in der Kapitelüberschrift, welche *Einsamkeit – propagiert und erlitten* lautet, gerade auch der Unterschied zwischen der Einsamkeit und der Vereinsamung. Vielleicht ist es in diesem Zusammenhang angebracht, sich noch einmal die weiter oben schon hervorgehobene Unterscheidung beim Vexierbild von Innen- und Außengrenzen in Erinnerung zu rufen, denn Mende kategorisiert in eine erlebte und in eine erdachte Einsamkeit, welche in „Nietzsches Aussagen Divergenzen erkennen [lassen], ohne daß die Ambivalenz reversibel erscheint, sind doch keine Pfeiler vorhanden für einen Brückenbau“[62]. Für ihn steht fest, dass kein Übergang zwischen beiden Seiten existieren kann, was irgendwo aber nicht die Bewegung der Einsamkeit berücksichtigt.

Meiner Meinung nach ist die horizontale Bewegung der Einsamkeit eine notwendige Bewegung, wenn sie im Endeffekt auch nur aufzeigen kann, dass sie in Antinomien und Überschneidungen endet. Wenn also das Hin- und Herbewegen auf ein und derselben Ebene zwischen der Einsamkeit und der Vereinsamung keinen Nutzen erkennen lässt, sollte dann nicht eine vertikale Bewegung den nötigen Impetus zur Lösung des Problems liefern? Ein In-die-Höhe-Streben vermag meiner Ansicht nach genau aus diesen Widersprüchen einen Ausweg anzubieten und deshalb soll nun diese vertikale Bewegung vorgestellt werden.

3.2 Vertikale Bewegungen

Die vertikale Bewegung der Einsamkeit steht in enger Beziehung zur horizontalen Bewegung und ist zugleich deren Überwindung. Wir haben gesehen, dass in der horizontalen Verschiebung der Bedeutung der Einsamkeit keine eindeutige und klare Scheidung möglich wird und es bietet sich eine vertikale Bewegung gut dafür an, diesen Widerspruch zu

---

60 „Es zeigt [sich] Nietzsches Einsicht in die Unausweichlichkeit der Antithese von Vereinsamung und Sehnsucht nach dem Eingebundensein in liebende Freundschaft [...]“. In: a. a. O. S. 50. (Tellenbach setzt den ganzen Satz kursiv).

61 Ottmann, Henning (Hrsg.): Ebenda. S. 218.

62 Mende, Erich: Nietzsche und sein Gegensatz (Kapitel: Einsamkeit – propagiert und erlitten S. 89-99). - Cuxhaven/Dartford: Traude Junghans Verlag. 1997. S. 93.

überwinden. Unter einer vertikalen Bewegung verstehe ich eine Bewegung, die einer qualitativen Änderung gleichkommt, insofern sie bewirkt, dass ein Begriff einer niederen Ebene vermittels der Abstraktion auf eine höhere Ebene gehoben wird. In dieser Hebung liegt eine Steigerung der Einsamkeit und wir finden bei dieser Verschiebung der Einsamkeit in die Höhe ein wichtiges Potenzial für Nietzsches Philosophie. Genau genommen habe ich schon im Abschnitt über die azurne Einsamkeit und etwas später bei den Bergen als Metaphern der Einsamkeit von der Bewegung in die Höhe gesprochen. Dort konnte man diese Bewegung noch als eine Bewegung metaphorischer Natur anerkennen, die sich an Orte der Realität anschließt. In der nun folgenden Beschreibung der abstrakten Einsamkeit in der Höhe entsteht eine neue Möglichkeit des Verständnisses der Einsamkeit.

Den Ausgangspunkt für die vertikale Bewegung bildet die Unterscheidung zwischen einer funktionalen Einsamkeit und einer absoluten Einsamkeit. Die Unterscheidung beruht auf Theo Meyer, der diese in seinem Aufsatz zum „Problem der Einsamkeit bei Nietzsche" mit folgenden Worten einführt:

> „Man könnte bei Nietzsche allerdings unterscheiden zwischen zwei Grundformen der Einsamkeit. Einerseits gibt es diese *funktionale* Einsamkeit, die Mittel zum Zweck ist, jene Einsamkeit, die den Sinn hat, die große Daseinsverwandlung, den Übermenschen hervorzubringen. Andererseits gibt es auch die *absolute* Einsamkeit, jene ‚azurne Einsamkeit', die alle Zielsetzungen von sich abzuweisen und nur noch sich selber zu kennen scheint"[63].

Die funktionale Einsamkeit ist für Meyer die notwendige Einsamkeit für den Wandel des Individuums zum Übermenschen, während die absolute Einsamkeit mit der azurnen Einsamkeit zusammenfällt. Diese Unterscheidung übernehme ich nicht genau so, wie sie Meyer formuliert: Ich sehe nämlich in der funktionalen Einsamkeit jene Einsamkeit, die allgemein als notwendige Einsamkeit dargestellt werden muss, wie man sie zum Denken, zum Schreiben und insgesamt zur philosophischen Tätigkeit benötigt; erst die absolute Einsamkeit verkörpert jene Einsamkeit, die zur Wandlung in den Übermenschen benötigt wird, sowie jenen Zustand darstellt, der in der Höhe in eine unendliche Heiterkeit übergeht und sozusagen als transzendenter Zustand aufgrund seiner Idealität unerreichbar ist.

Die funktionale Einsamkeit ist eine pragmatische Einsamkeit, welche sich auf der Ebene der horizontalen Bewegung der Einsamkeit abspielt und dort im Zentrum zwischen positiver Einsamkeit und schwermütiger Vereinsamung anzusiedeln ist. Sie steht deshalb im Zentrum,

---

63 Meyer, Theo: Das Problem der Einsamkeit bei Nietzsche. Ebenda. S. 65f.

weil sie als notwendige Einsamkeit völlig wertfrei sein kann und weder heiter noch schwermütig, sondern eben notwendig ist. Nietzsche kehrt immer wieder diesen Aspekt der wertfreien, funktionalen Einsamkeit hervor, wenn er von einer notwendigen Einsamkeit spricht. Seiner Mutter und seiner Schwester schreibt er im Winter 1871: „Aber es giebt sehr viel zu denken, und viel Alleinsein ist nöthig" (KSB: 3,250), im Bezug auf die Fertigstellung seiner „Geburt der Tragödie aus dem Geiste der Musik". Ähnlich klingt sein Verlangen nach Einsamkeit in einem etwas späteren Brief an seinen Freund Carl von Gersdorff: „Ich habe in Mannheim meine Weihnachtsfeier anticipiert und kann diesmal nicht nach Tribschen, weil ich Zeit und Einsamkeit brauche, um meine Vorträge ‚über die Zukunft unserer Bildungsanstalten' auszudenken". (KSB: 3,260). Nietzsche braucht die Einsamkeit, weil sie für seine Tätigkeit notwendig ist. Gemeint ist damit aber nicht unbedingt seine damalige Tätigkeit als klassischer Philologe an der Universität Basel. Man erfährt diesen Umstand aus einem Brief im Mai 1878 an Reinhart von Seydlitz: „[... S]o werden Sie mir auch nachfühlen, warum ich in diesem Jahre, sobald mein Beruf mich frei giebt, *Einsamkeit* brauche". (KSB: 5,326). Die notwendige Einsamkeit ist zudem eine Zeit der weiter oben schon erwähnten Regeneration nach langen und beschwerlichen, oft auch – wie im Fall der Philologie – mühsamen Tätigkeiten: „Es war eine recht *gute Erholungs*-Zeit für Deinen Sohn, aber ganz unmöglich wäre mir's, so zu leben, wenn ich wieder ‚vom *Geiste* angefallen' bin: **der** verlangt von mir: *Einsamkeit*" (KSB: 6,550), erklärt Nietzsche seiner Mutter im Herbst 1884 im Bezug auf seinen Aufenthalt in Zürich.

Im philosophischen Werk von Nietzsche ist die Benennung der Einsamkeit als Notwendigkeit besonders in den Fragmenten anzutreffen. Ein Beispiel dafür ist ein Fragment aus dem ausgehenden Jahr 1880: „Ich gebe meinem Hange zur Einsamkeit nach, ich kann nicht anders: ‚ob<gleich> ich es nicht nöthig hätte' – wie die Leute sagen. Aber ich *habe* es nöthig. Ich verbanne mich selber". (KSA: 9,354). Natürlich sieht es in diesem Fall so aus, als würde Nietzsche die Einsamkeit negativ empfinden, weil er sich selbst dazu verbannt. Notwendig ist die Einsamkeit umso mehr, weil sie hart macht: „Einsamkeit *für eine Zeit* nothwendig, damit das Wesen ganz und durchdrungen werde – ausgeheilt und hart". (KSA: 10,515). Auffällig ist bei dieser Feststellung, dass Nietzsche die Eingrenzung der Zeit im Bezug auf die notwendige Einsamkeit betont, was bei der absoluten Einsamkeit in eine Zeitlosigkeit gipfelt. Dieses Faktum wird im Folgenden kurz erläutert. Die notwendige Einsamkeit hat augenscheinlich keinen besonderen oder erhebenden Wert für Nietzsche und situiert sich deshalb passend auf der horizontalen Ebene der Bewegungen der Einsamkeit.

Wo die vertikale Bewegung beginnt, zeigt sich der Übergang von der funktionalen zur absoluten Einsamkeit, die in mehreren Benennungen auftauchen kann: Sei es als die letzte Einsamkeit des Zarathustra im Zuge der sieben Einsamkeiten, sei es als die allerhöchste bzw. die große Einsamkeit. Wiederum werden wir in der Korrespondenz Nietzsches im Bezug auf diese Thematik fündig: „[... O]hne Vereinsamung ist nun einmal nichts Edles und Hohes zu gewinnen [...]". (KSB: 3,75). Und in einem Fragment: „Wie kehrt man nun von solchen Augenblicken einer erhabenen Vereinsamung wieder in das sogenannte Leben zurück? Wie erträgt man's nur?" (KSA: 7,796). Die Vereinsamung ist erhaben und hoch. Nietzsche spricht von einer hohen Einsamkeit, aber auch von einer „großen" Einsamkeit (*vgl.* KSB: 8,262). Zu dieser großen Einsamkeit wird man erzogen[64]. Die große Einsamkeit ist vielleicht nicht zuletzt im Zusammenhang mit der Einsamkeit des Auserwählten zu sehen. Von der erhabenen Vereinsamung gelangen wir zur schon in der azurnen Einsamkeit erkannten allerhöchsten Einsamkeit. In zwei Briefen vom Sommer 1878 (den ersten an Paul Rée, den zweiten an Marie Baumgartner) schreibt Nietzsche von seiner Fahrt in die Berge und der damit verbundenen „allerhöchsten" Einsamkeit (*vgl.* KSB: 5,342f.), welche wir als reale und als metaphorische Kennzeichnung seines Zustandes auf dem Berg, wie er ihn sich erwartet, auffassen können und welcher in der absoluten Einsamkeit kulminiert. Nietzsche schreibt in dem weiter oben schon zitierten Brief an seine Schwester, dass er seine „absolute Einsamkeit gehörig benutzen" will. (KSB: 6,413). Ein Höhepunkt bei Nietzsche ist in der Feststellung erreicht, dass die Einsamkeit zu den vier Kardinaltugenden gehört gemeinsam mit dem Mut, dem Mitleid und der Einsicht (*vgl.* KSA: 12,74).

Alles in allem ist die absolute Einsamkeit ein Zustand, den Nietzsche halkyonisch genannt hat (*vgl.* z. B. KSB: 7,118). In solch einem Zustand existiert keine Vereinsamung mehr und ich denke, dass es nicht schaden wird, wenn ich in diesem Zusammenhang die Einsamkeit des Genies kurz anführe, wie sie Nietzsche in seinem Werk erarbeitet hat. Ist doch der Vertreter der absoluten Einsamkeit meistens ein Genie, anders gesagt, ein Auserwählter. So schreibt Nietzsche im „Menschlichen, Allzumenschlichen" von den Freigeistern – einem anderen Wort für Genie –, dass sie sich nicht in der Ehe ausruhen sollen, sondern lernen müssen *„allein zu fliegen"* (*vgl.* MA I: 2,280). Wie einen Vogel treibt es das Genie in die Höhe. Deshalb muss der Genius einsam werden bzw. zum Einsiedler werden, um sich seiner Aufgabe widmen zu können (*vgl.* KSA: 7,174). Aber das Genie ist auch verpflichtet an seiner Einsamkeit festzu-

64 „In summa: es erzieht mich zu einer noch größeren Einsamkeit [...]". (KSB: 8,388).

halten wie an seinem größten Gut: „‚Ich will meine Einsamkeit haben' – so gelobt sich der Weise, ich will meine Einsamkeit mit den Zähnen festhalten, mit einem goldenen Gitter vergittern –". (KSA: 11,230). Der Weise als Genie unterliegt immer der Gefahr, durch die Gesellschaft seiner absoluten Einsamkeit mutwillig entrissen zu werden. Für Nietzsche ist das Genie der große Mensch, der sich erlauben muss zu vereinsamen. In einem Fragment beschreibt er dessen Einsamkeit im Sinn der absoluten Einsamkeit: „Es ist eine Einsamkeit in ihm, als etwas Unerreichbares für Lob und Tadel, als eine eigene Gerichtsbarkeit, welche keine Instanz über sich hat". (KSA: 11,452). Erst in der unerreichbaren Höhe kommt das Genie zu seinem Recht und kann seine wichtigen Betrachtungen weiterführen. Nietzsche hätte sich selbst gerne immer als dieses Genie in der Höhe angesehen.

Die absolute Einsamkeit bei Nietzsche ist für den Großteil der wichtigen Interpreten der Anstoß gewesen, sich mit der Einsamkeit Nietzsches historisch oder philologisch auseinanderzusetzen. Regelmäßig wurde gerade die Form der absoluten Einsamkeit zur absoluten Neuerung der Einsamkeit bei Nietzsche postuliert. Einer der Ersten, welcher die Steigerung der Einsamkeit bei Nietzsche als Folge der vertikalen Bewegung von einer rein funktionalen Einsamkeit, wie sie z. B. Francesco Petrarca angeführt hat, zur absoluten Einsamkeit bemerkte, ist Fritz Usinger. Er beschreibt Nietzsches Einsamkeit sehr pathetisch als die Einsamkeit des „Weltschöpfers". Dieser Ausdruck der Einsamkeit ist der Anlass für Usinger, ein „Gesetz der zwangsläufigen Steigerung" anzunehmen, die in Nietzsches Einsamkeitsdenken vor sich gegangen sein muss, wo „[z]um Schluß [...] der Menschen-Dämon allein in einer ausgestorbenen Welt" verharrt[65]. Die ausgestorbene Welt ist vielleicht zu verstehen als die Welt, die von der Höhe der absoluten Einsamkeit aus nicht mehr zu sehen ist, weil sie von der tiefsten Selbstbetrachtung und dem In-sich-Gehen verdrängt und substituiert wird. Renate Möhrmann hat diese Einsamkeit als die *conditio sine qua non* der Existenz hervorgehoben[66]. Mit der Einsamkeit in Form der tiefsten Selbstbetrachtung entsteht für den absolut Einsamen eine tiefe „Selbstbewusstwerdung".

---

65 *Vgl.* Usinger, Fritz: Geist und Gestalt. Aufsätze. - Dessau: Karl Rauch Verlag. 1941. S. 130f.

66 Sie vermittelt diese Feststellung, indem sie Nietzsches Einsamkeit von Arthur Schopenhauers Einsamkeit abtrennt. Die Einsamkeit Schopenhauers ist für sie eine Einsamkeit, die einen pessimistischen Rückzug verkörpert, mit der Resignation als Auslöser: „Erst mit Nietzsche verliert die Einsamkeit ihren Vanitas-Charakter und wird zur conditio sine qua non, die zur Erneuerung und Selbstbewußtwerdung des Menschen führt". In: Möhrmann, Renate: Ebenda. S. 26 und zu Schopenhauer S. 25.

Ralph Wall sieht sich befähigt aufgrund der transzendenten Einsamkeit eine vollständige Metaphysik der Einsamkeit bei Nietzsche anzunehmen. Er sieht in der Einsamkeit ebenso wie wir die Notwendigkeit für Nietzsche und verweist vor allem auf sein philosophisches Werk[67]. In Walls Vergleich von Rousseau mit Nietzsche über den Begriff der Einsamkeit entdeckt er eine Parallele zwischen den beiden Denkern in ihrer Kultivierung der Einsamkeit als metaphysische Berufung und in der Manifestation des Daseins als Auserwählte[68], wie es das Genie von sich behaupten darf. Er konkretisiert damit sehr gut die Bewegung von der funktionalen Einsamkeit zur absoluten Einsamkeit.

Meyer, von dem die Terminologie der vertikalen Bewegung der Einsamkeit stammt, hat sehr ausführlich die „neue" Einsamkeit bei Nietzsche hervorgehoben. Er bezeichnet die absolute Einsamkeit auch als Selbsteinsamkeit, weil sie völlig ohne Gott auskommt, insofern sie selbst gottgleich macht und nur mehr im Sinne Usingers sich selbst hat[69]. Indem Meyer in seiner Untersuchung mit einer historischen Betrachtung der Einsamkeit im philosophischen Kontext beginnt, identifiziert er sämtliche ihm dabei unterkommende Begriffe immer wieder als noch nicht der absoluten Einsamkeit zugehörige Begriffe. Erst bei Nietzsche selbst beginnt die Einsamkeit als eine absolute, gottlose Einsamkeit zu wirken. Ein anderes Kriterium der Unterscheidung zu den Vorläufern der Einsamkeit Nietzsches ist bei Meyer Folgendes: „[...] Nietzsche [begreift] die Einsamkeit nicht nur als sein persönlich-privates Schicksal, sondern als eine Grundbefindlichkeit des Menschen"[70]. Etwas später bezeichnet Meyer die Form dieser Einsamkeit als Geschick des Menschen, welches zum Wagnis wird[71]. Das Pathos der absoluten Einsamkeit bei Nietzsche hat nämlich auch etwas Pathologisches an sich, was wir in einem späteren Kapitel noch genauer erfahren werden.

Der Interpret Meyer greift das Thema der Einsamkeit auch in seinem ein Jahr später erschienenen Buch, betitelt mit „Kunstauffassung und Lebensbegriff", auf und präzisiert dort die Einsamkeit Nietzsches, indem er sie eine „anthropologische Urerfahrung"[72] nennt. Er verweist dabei wie Möhrmann auf die Kontinuität vom Einsamkeitsbegriff bei

---

67 *Vgl.* Wall, Ralph: In der Höhle des Innerlichen. Über den Zusammenhang von selbstinduzierter Einsamkeit und körperlich-sexueller Problemlage bei Nietzsche und Rousseau. - Aachen: Karin Fischer Verlag. 1998. S. 49ff. und S. 63.

68 *Vgl.* a. a. O. S. 83.

69 *Vgl.* Meyer, Theo: Das Problem der Einsamkeit bei Nietzsche. Ebenda. S. 41.

70 A. a. O. S. 67.

71 *Vgl.* a. a. O. S. 73.

72 Meyer, Theo: Kunstauffassung und Lebensbegriff. Ebenda. S. 695.

Schopenhauer zu jenem bei Nietzsche und doch ist der Begriff der Einsamkeit bei letzterem Philosophen noch um einiges tiefer gehend, weil es sich dabei um eine „existentielle Einsamkeit“ handelt, die im Individuum selbst verankert ist[73]. Aufgrund der Einzigartigkeit der absoluten Einsamkeit bei Nietzsche kann Meyer folgendes Lob auf ihn aussprechen:

> "Nietzsches Einsamkeit ist allen bis dahin gemachten Einsamkeitserfahrungen weit überlegen. Sie ist von einzigartiger Qualität und Bedeutung. Bei Nietzsche gewinnt die Einsamkeit als existentielle und historische Erfahrung ihre unüberbietbare Zuspitzung"[74].

In der absoluten Einsamkeit findet eine immense Zuspitzung in zweifacher Bedeutung statt: als eine Zuspitzung auf und in sich selbst und im Sinne des In-eine-Spitze-Auslaufens im Bezug auf die allerhöchste Einsamkeit auf dem Berg.

Damit sind die beiden Teile der vertikalen Bewegung einigermaßen gut verdeutlicht worden. Der Übergang von der funktionalen Einsamkeit zur absoluten Einsamkeit muss sich im Bereich des Denkens vollziehen. Denn wo man erstere Einsamkeit noch als Zustand leben kann, ist man bei der großen Einsamkeit höchstwahrscheinlich nur fähig, sie sich als ideales Bild vorzustellen. Nietzsche war sich dessen sicher bewusst und er wusste, dass die absolute Einsamkeit sich selbst nicht gut für das Leben eignete. Die Frage bleibt jedoch offen, ob Nietzsche, indem er die in der Realität unmögliche absolute Einsamkeit kurz vor seiner geistigen Umnachtung in einem plötzlich überbordenden Heiterkeitsanfall zu leben glaubte, da er sich – wie ich schon bei der azurnen Einsamkeit als Schluss ausgeführt habe – jenseits der sieben Himmel befunden hat (*vgl.* KSB: 8,566) und dadurch möglicherweise in den Wahnsinn übergegangen ist. Diese Frage bleibt vorerst nicht entscheidbar.

Mit diesen Feststellungen habe ich schon fast in den zweiten Teil dieser Studie übergeleitet, wobei ich jetzt zumindest das Ende des ersten Teils derselben erreicht habe. Der Denkweg hat uns über die Begrifflichkeit Nietzsches im Bezug auf die Einsamkeit weitergeführt zu einer Vielzahl von Metaphern der Einsamkeit, wie sie Nietzsche konsequent verwendet hat und er ist schließlich in die Bewegungen der Einsamkeit gemündet. Die Motivation für den ersten Teil bestand in der Schaffung einer Grundlage für die Thematik der Einsamkeit, von welcher die einzelnen Interpretationen ihren Ausgangspunkt nehmen können oder, wo Ansätze wie jener bei Röschl und jener bei Meyer schon vorhanden waren, ebenfalls beginnen können. Insgesamt wollte ich ziemlich stark

---

73 *Vgl.* a. a. O. S. 706 und vorher S. 701f.

74 A. a. O. S. 694f.

Nietzsche mit seinen, im philosophischen und dichterischen Werk sowie den Briefen aus einer lebenslangen Korrespondenz herrührenden, Aussagen zu Wort kommen lassen und nur von Fall zu Fall die Interpreten für die einzelnen Aspekte anführen. Im zweiten Teil sollen vorwiegend die Interpreten berücksichtigt werden. Die wichtigen Fragen der Legitimation des gewählten Themas sind geklärt worden und es fehlt jetzt der zweite Teil, in welchem in einigen Kapiteln, wie gesagt, genau die Stränge dargelegt werden sollen, welchen die Forscher in ihren Interpretationen gefolgt sind, seien sie psychologischer, literaturwissenschaftlicher oder philosophischer Natur. Es gab nicht wenige, die versucht haben, sich der Einsamkeit Nietzsches bzw. der Einsamkeit bei Nietzsche zu nähern und diese sollen thematisch gegliedert im folgenden Teil behandelt werden.

Teil II: Interpretationen der Einsamkeit

4 Biographische Implikationen der Einsamkeit

„Vielleicht ist gerade ein Leben, das ich ganz alleine führe, für mich das allerbeste" (KSB: 1,222), schreibt Nietzsche mit 18 Jahren im August des Jahres 1862 an seine Mutter. Beinahe ein ganzes Leben der geistigen Tätigkeit muss vergehen, dass Nietzsche an seine Freundin Malwida von Meysenburg im Frühling 1887 Folgendes schreiben kann: „Im Grunde mache ichs jetzt mit Jedermann so, instinktiv, überdies mit Wohlwollen – ich glaube nicht mehr daran, daß irgend Jemand Etwas von mir, an mir, über mich `begreift'. Fünfzehn Jahr Einsamkeit – was sage ich! Zwei und vierzig Jahre – denn so alt bin ich". (KSB: 8,35). Zweiundvierzig Jahre, die noch zu vierundvierzig Jahren der geistigen Normalität werden und zugleich mit den Lebensjahren Nietzsches übereinstimmen, empfindet Nietzsche als Jahre der Einsamkeit. Diese von Nietzsche selbst forcierte Deutung seines Lebens im ständigen Zustand der Einsamkeit hat die Nietzscheforscher über ein Jahrhundert hinweg beschäftigt. Von den ersten Untersuchungen zum Thema der Einsamkeit bei Nietzsche aus dem Jahre 1906 bis zur letzten Untersuchung aus dem Jahre 2007 finden sich immer wieder Versuche die biographische Implikation, welche die Einsamkeit bei Nietzsche mit sich bringt, genau zu erarbeiten und darzustellen.

Auch die Biographen Nietzsches haben später dazu beigetragen, der Einsamkeit bei Nietzsche eine besondere Bedeutung zu verleihen. Werner Ross zählt die Einsamkeit zu den konstitutiven Merkmalen des Lebens Nietzsches, wenn er erklärt: „Es ist die Situation, die sich in seinem [Nietzsches] Leben beharrlich wiederholt und als Grundmuster abzeichnet: Einsamkeit als Trauer und Wollust, Spazierengehen am Vormittag als Quelle aller Einfälle, das Sich-etwas-Ausdenken als die besondere Begabung schon des Kindes"[75]. Die Einsamkeit ist vor allem für die Jahre zwischen 1879 und 1888 äußerst wichtig, wie uns Curt Paul Janz in seinem zweiten Band, aus der umfangreichsten Biographie zu Nietzsche in drei Bänden, vermittels des Lebens Nietzsches erklärt[76]. Für beide Biographen ist eine Behandlung des Themas „Leben" unter dem Aspekt der Einsamkeit nicht weiter problematisch, insofern ihr Gegenstand ja Nietzsches Leben ist.

Meiner Ansicht nach muss aber ein viel früher gemachtes Postulat in diesem Zusammenhang erwähnt werden. Gemeint ist die Beschrei-

---

75 Ross, Werner: Ebenda. S. 38.

76 Interessant ist zu bemerken, dass die italienische Übersetzung des zweiten Bandes von Janz nicht den deutschen Titel „Die zehn Jahre des freien Philosophen" trägt, sondern „Il filosofo della solitudine" lautet. Erschienen ist die Übersetzung beim Verlag Laterza in Bari in den Jahren 1980 bis 1981.

bung der zwei möglichen Wege der Erörterung von Nietzsches Einsamkeit durch Karl Jaspers im Jahre 1936, auf welche sich z. B. Röschl in seinem Werk zur Problematik bezieht. Jaspers, der in sich die Kompetenz des Psychologen und des Philosophen vereinte, formuliert folgendermaßen die beiden Möglichkeiten des Zugangs:

> "Nietzsches Einsamkeit läßt sich in zwei Stufen erörtern. Man stellt *psychologisch betrachtend* – an einem absoluten Maßstab möglicher menschlicher Existenz überhaupt – Nietzsches einsames Wesen infrage, deutet dem Sinn solchen Verfahrens entsprechend unausweichlich pejorativ und wird Nietzsche so nicht gerecht – oder man spürt dann seine nie ganz faßliche, ihn verzehrende *Aufgabe,* deutet aus ihr die Existenz der *Ausnahme* und gewinnt so den Blick für Nietzsche selbst"[77].

In beiden Fällen wählt Jaspers den Zugang über die Existenz des Menschen: einerseits aller Menschen, andererseits aber des einzelnen Menschen Nietzsche als Ausnahme. Ob dies gültig sein kann, muss die folgende Darstellung zeigen.

Es besteht immer die Gefahr, in einen reinen Biographismus abzufallen, wenn man sich zu stark auf das Leben eines berühmten Menschen einschränkt. Trotzdem ist die Forschung zu Nietzsches Einsamkeit diesen Weg über weite Strecken gegangen und muss dementsprechend ausführlich in eine Gesamtdarstellung der Thematik eingearbeitet werden. Wenngleich das Nietzsche-Handbuch (im Jahre 2000 erschienen) gerade wieder auf die Einseitigkeit verwiesen hat, welche eine Reduktion der Einsamkeit auf ihre biographisch-psychologische Dimension mit sich bringt[78]. In vier Schritten sollen nun die biographischen Implikationen der Einsamkeit durchmessen werden, wobei den Anfang eine von der Forschung bei Nietzsche aufgezeigte tiefe Kluft zwischen der Gesellschaft und dem Individuum machen soll.

4.1 Die Gesellschaft und die Freundschaft in Opposition zur Autonomie des Individuums

Die Konflikte des Individuums mit der Gesellschaft sind nicht mit Nietzsches Begriff der Einsamkeit entstanden, sondern schon viel länger vorhanden. Eines der Merkmale der Einsamkeit ist jenes, welches den Einzelnen bzw. das Individuum von der Allgemeinheit ausschließt[79]. Die

---

77 Jaspers, Karl: Nietzsche. Einführung in das Verständnis seines Philosophierens. - Berlin/Leipzig: Walter de Gruyter. 1936. S. 70.

78 Ottmann, Henning (Hrsg.): Ebenda. S. 218.

79 Diese Behauptung sieht ab von der „kollektiven" Einsamkeit, wie sie Friedrich Parpert in seiner „Philosophie der Einsamkeit" dem Mönchstum im Mittelalter zuschreibt. Er sieht nämlich diese kollektive Einsamkeit, die er die kulti-

Gesellschaft kann nun entscheiden, ob sie bereit ist, dem Einzelnen seine Einsamkeit zuzugestehen oder ob sie die Einsamkeit zugunsten der Gesellschaft selbst verdammt. Das Verhalten der Gesellschaft ist durch die Geschichte in verschiedenen Völkern und Kulturen einem starken Wandel unterworfen gewesen, der von positiver Akzeptanz bis zur Verfolgung der Einsamen gereicht hat.

Für Nietzsche ist die Gesellschaft hauptsächlich ein Hindernis und eine Einengung. Immer wieder kommt er auf das Verhältnis zwischen Kollektiv und Individuum zurück, meistens aber zugunsten des Individuums. „Die Moral aller Gesellschaft lautet, daß Vereinsamung Schuld sei". (KSA: 10,105). Im zitierten Satz wird klar, dass Nietzsche davon überzeugt ist, dass die Gesellschaft dem Einsamen abgeneigt ist. Noch deutlicher kommt dieses Faktum in seiner „Unzeitgemäßen Betrachtung" über Schopenhauer zum Ausdruck, wo Nietzsche das Verhältnis des Hasses zwischen der Gesellschaft und dem Philosophen aufzeigt, weil Letzterer die Möglichkeit besitzt, sich in seine Selbstheit und seine eigene Einsamkeit zurückziehen zu können, wo er für die Macht der Masse unantastbar wird[80]. Der Einsame kann in seiner Einsamkeit Widerstand gegen das Unrecht leisten und wird deshalb von der Gesellschaft verabscheut. Der Einzelne ist für Nietzsche mehr wert als die Masse (*vgl.* KSA: 9,334) und kann sich aus dieser Perspektive des Einzelnen unabhängig und frei fühlen, was in der Sozialisation von der Gesellschaft unterbunden wird. Wie eine Betäubung erscheint Nietzsche die Geselligkeit (*vgl.* SE: 1,379; KSA: 7,799 und 7,822). Die noch in vielen unterschiedlichen Variationen vorkommende Relation der Gesellschaft zum einsamen Individuum zeigt immer auf dieselbe Problematik hin. Es geht um die Differenz, die zwischen beiden Instanzen aufrecht erhalten werden muss.

Bemerkenswert scheint mir der Umstand zu sein, dass Nietzsche sich als Individuum schon als Gesellschaft im Kleinformat versteht. Er

---

sche Einsamkeit nennt, in Opposition zur säkularisierten Einsamkeit in der Aufklärung (*vgl.* Parpert, Friedrich: Philosophie der Einsamkeit. - München: Reinhardt. 1955. S. 38f.). Bei Nietzsche dreht es sich fast ausschließlich um eine individuelle Einsamkeit, wobei nur ganz selten Anklänge an diese kollektive Einsamkeit vorkommen. Ein Beispiel ist die Einsamkeit mit Freunden, welche in diesem Kapitel behandelt wird.

80 „Wo es mächtige Gesellschaften, Regierungen, Religionen, öffentliche Meinungen gegeben hat, kurz wo je eine Tyrannei war, da hat sie den einsamen Philosophen gehasst; denn die Philosophie eröffnet dem Menschen ein Asyl, wohin keine Tyrannei dringen kann, die Höhle des Innerlichen, das Labyrinth der Brust: und das ärgert die Tyrannen. Dort verbergen sich die Einsamen [...]". (SE: 1,353f.).

spricht in der „Fröhlichen Wissenschaft" von einem Zustand des In-unserer-Gesellschaft-Seins, welcher keinen Kontakt mit der realen Gesellschaft benötigt (*vgl.* FW: 3,498). Pierre Klossowski hat diesen Zustand sehr gut beschrieben:

> „La Gaya Scienza, fruit de la plus grande solitude imaginable, parle essentiellement à des esprits qui, eux, sauront retrouver cette solitude, donc ces natures qu'un fond de noblesse dispose à refuser autant la distraction à tout prix que le travail à tout prix, donc à supporter l'ennui: nous touchons là aux resources de la solitude, lesquelles, en dépit de son extrême isolement, lui donnaient le sentiment d'être toujours ‚entre-nous'"[81].

„Wir sind stets nur in unserer Gesellschaft" (FW: 3,498), bzw. wir sind zu oft zu zweit einsamer als allein (*vgl.* Za III: 4,198) erklärt uns Nietzsche und wir haben darum die Gesellschaft nicht mehr nötig.

Das Unter-sich-Sein ist eine partielle Antwort auf die Frage, weshalb Nietzsche die Einsamkeit des Individuums bevorzugt. Sein persönlicher Eindruck, dass ihn nie ein anderer Mensch verstanden hat und er keinen Menschen finden konnte, der mit ihm auf seiner geistigen Höhe wandeln wollte, trägt noch dazu bei, Nietzsche zu verstehen. Daraus resultiert Nietzsches Ansatz, „sich Wesen zu schaffen, die ihm gleich sind". (KSA: 12,146f.). Diesen gleichartigen Menschen sieht Nietzsche in seinem Unter-sich-Sein. Aber auch das wird ihm in der Einsamkeit bisweilen zu streng: „‚Einer ist doch noch zuviel um mich' – denkt der Einsame. Einmal eins ist zwei". (KSA: 10,66). Wir wissen, weshalb die Multiplikation Nietzsches aufgeht. Es ist das Paradox, welches Scipio Africanus formulierte, als er meinte, dass der Weise nie so wenig allein sei, wie wenn er mit sich allein ist[82].

Der Biograph Ross schildert den inneren Konflikt Nietzsches auf dem Schneidepunkt von Gesellschaft und Individuum, wenn er vielleicht etwas überspitzt darauf verweist, dass Nietzsche die Menschen nicht mochte und sie trotzdem brauchte[83]. Bei dieser Antinomie, die

---

81 Klossowski, Pierre: Un si funeste désir. - Paris: Gallimard. 1963. S. 34.

82 Zitiert nach Assmann, Jan und Assmann, Aleida: Ebenda. S. 216. Paul van Tongeren nennt im Bezug auf dieses Paradox die Form des „innerlijke dialoog". Er formuliert in der Unterscheidung von Einsamkeit und Alleinsein die Problematik: „De eenzame is voortdurend met zichzelf in gesprek, en daardoor nooit echt alleen. De eenzaamheid maakt op deze manier een echt alleenzijn onmogelijk". (Van Tongeren, Paul J. M: Vriendschaap, eenzaamheid en zelfkennis. S. 122-126. In: Wijsgerig perspectief op maatschappij en wetenschap: een tweemaandelijks tijdschrift. Jg. 34. Heft 4. - Meppen: 1993/1994. S. 125).

83 *Vgl.* Ross, Werner: Ebenda. S. 708. In seinem Buch über die siebente Einsamkeit deutet Ralph Harper die Wichtigkeit der Einsamkeit bei Nietzsche an, in-

Nietzsche nicht imstande war für sich zu lösen, kann man trotzdem eine mögliche Hilfe ansetzen, indem man beide Teile – die Einsamkeit und die Vielsamkeit – zeitlich verschiebt. Indem man zuerst Einsamkeit durchlebt und dann zur Gesellschaft findet, könnte das Problem überwunden werden[84]. Der nach Großem strebende Mensch entwickelt die Güte zu seinen Mitmenschen erst in der Einsamkeit (*vgl.* JGB: 5,227). Nietzsche hat diesen Aspekt nicht unberücksichtigt gelassen, wenn er sich dafür ausspricht, dass die Einsamkeit zu suchen sei, damit man allen nützen kann, während ein Abweichen davon sich negativ auswirkt (*vgl.* KSA: 8,427). Einzig damit ist keine Lösung des Dilemmas zu erwarten, wenn der Hilfsbereite mit seiner Hilfe in der Einsamkeit bleibt, ohne aus ihr herauszutreten.

Eine Charakterisierung des in Abgrenzung zur Gesellschaft lebenden Individuums hat Wolfgang Müller-Lauter vorgenommen. Er führt den Begriff der „Solitär-Person" ein, der durch die Mechanismen der Einsamkeit eine Metamorphose durchmacht zur ausgezeichneten Ausnahme. Müller-Lauter schreibt dazu: „Der Einzelne wird in der Person zum *Besonderen,* für den die Absonderung von den anderen wesentlich ist"[85]. Der Interpret erklärt sich diese Auffassung mit der Aversion Nietzsches gegen die Entselbungs-Moral der Gesellschaft. Die Entselbungs-Moral ist eine Moral, die den Einzelnen gleichzuschalten versucht und dabei stets das Bild der Integration des Individuums in die Gesamtheit der Masse vor Augen hat. Nietzsche plädiert für die Freiheit und den Reichtum des Individuums, welches in die Höhe der Vergeistigung strebt. Ein Mitgehen in der Masse und im *Mainstream* derselben wird von Nietzsche nicht erwogen; vielmehr ist die Auszeichnung wichtig, welche Nietzsche anzieht. Müller-Lauter führt den Stolz der Solitär-Person an, welcher diese unter den Vielen hervorhebt und dadurch zu Inspiration und Tätigkeit verleitet[86]. Aber Vorsicht: In einer Diskussion des Diktums

---

dem er neben der schon angeführten Quelle der Einsamkeit, die in der Absenz Gottes liegt, bei Nietzsche eine zweite Quelle der Einsamkeit erkannt hat: Sie besteht im „being cut off from other men" (Harper, Ralph: Ebenda. S. 1). Nietzsche führt seine Menschenverachtung in einem Brief an seine Mutter und die Schwester im September 1885 an, in welchem er befürchtet, dass sich seine Menschenverachtung mit der zunehmenden Berühmtheit seiner Person noch steigern würde (*vgl.* KSB: 7,91).

84 Rudolf Walter sieht dort sogar die einzige Möglichkeit der Überwindung der Einsamkeit: „Die Wahrheit der Einsamkeit könnte es sein, daß man zu sich selbst kommen muß, um Mensch auch für andere zu sein". In: Walter, Rudolf: Ein Schatten, den das Leben selber wirft. Ebenda. S. 17.

85 Müller-Lauter, Wolfgang: Über Werden und Wille zur Macht. Nietzsche-Interpretationen I. - Berlin/New York: Walter de Gruyter. 1999. S. 166.

86 *Vgl.* a. a. O. S. 169.

„gleiche Rechte für alle" formuliert Nietzsche den Nachteil, der durch den Stolz in der Einsamkeit ausgelöst wird und der in einem Verlust des großen Erfolges besteht, welchen man nur durch die Massen der Menschen erzielen kann (*vgl.* KSA: 11,642).

Nicht allein der Aspekt des Erfolges, sondern auch die Notwendigkeit der Masse im Bezug auf die Solitär-Person muss berücksichtigt werden, zumal die Einsamkeit über das Leiden an der Einsamkeit angeeignet wird. Zarathustra gibt uns ein gutes Vorbild dafür. Die Einsamkeit als Existenzform zu wählen braucht geradezu das negative Vorbild der Gesellschaft, um seine Richtung sicher zu finden. Müller-Lauter sieht diesen Zusammenhang von der Solitär-Person zum negativen Vorbild der Gesellschaft in einem anderen Verhältnis: Er hebt das wechselseitige Verhältnis der Solitär-Person hervor, die des Schutzes vor den Vielen bedarf, zugleich aber ihre Stärke dadurch bildet. Friedrich Parpert setzt hier den großen Verdienst der Einsamkeit an, wenn er die Wichtigkeit der kollektiven Einsamkeit hervorhebt, welcher eine Auslesefunktion zufällt. Mithilfe der Einsamkeit entsteht eine Elite, die selbst die Gesellschaft regieren kann[87]. Nietzsche hält dem entgegen, dass die Einsamkeit keine kollektive, sondern eine individuelle sein muss und höchstens als Kollektiv der Genies akzeptiert werden kann.

Nietzsche setzt ganz klare Grenzen zwischen der Einsamkeit und der Vielsamkeit. Was veranlasst dann aber Forscher immer wieder, auf die Wichtigkeit der Freundschaft bei Nietzsche hinzuweisen? In der Tat ist die Freundschaft, welche wir auch als eine Form der Gesellschaft anerkennen müssen, für Nietzsche wichtig und in der Abgrenzung zur Gesellschaft zu verstehen. Die Freundschaften von Nietzsche waren für eine Vielzahl von Interpreten der Ausgangspunkt bei der Untersuchung der Einsamkeit, weil das eine mit dem anderen sehr eng zusammenhängt. Hier muss nun eine neue Perspektive behandelt werden, von der aus Nietzsche die Freundschaft sieht. Die „Freundschaft" als Thema bei Nietzsche kann nur gestreift werden, da eine ausführliche Behandlung derselben den Rahmen dieser Arbeit sprengen würde. Uns soll ausschließlich der Berührungspunkt von der Freundschaft mit der Einsamkeit interessieren, wo aber auch schon eine große Fülle an Textstellen vorhanden ist. Eigentlich würde man, wenn man die Freundschaft als solche betrachtet, diese als eine Unterform der Gesellschaft auffassen müssen. Ist die Freundschaft doch eine reduzierte Form der Gesellschaft. Die Unterscheidung liegt höchstwahrscheinlich im privaten Charakter der Freundschaft, im Gegensatz zum Bereich der Öffentlichkeit, den die Gesellschaft in Anspruch nimmt. Diese Vermutung basiert auf der epi-

87 *Vgl.* a. a. O. S. 171 und Parpert, Friedrich: Ebenda. S. 86.

kureischen Vorstellung des Rückzuges vom öffentlichen Leben in die Verborgenheit mit Freunden. So etwas Ähnliches hat Nietzsche im Sinn, wenn er die Freundschaft gerade nicht als Gesellschaft empfindet, sondern als eine Sonderform der Einsamkeit.

Den Hinweis auf Epikur gibt Nietzsche in der „Fröhlichen Wissenschaft": „Lebe im Verborgenen, damit du dir leben *kannst*! [...] Du wirst auch helfen wollen: aber nur Denen, deren Noth du ganz *verstehst*, weil sie mit dir Ein Leid und Eine Hoffnung haben – deinen *Freunden* [...]". (FW: 3,568). Neben die epikureische Freundschaft stellt Nietzsche in einem Brief an Paul Rée im Mai 1882 die pythagoreische Freundschaft: „Ich lache öfter über unsre pythagoreische Freundschaft, mit dem sehr seltenen ‚φίλοις πάντα κοινὰ'" (KSB: 6,199). Die griechische Tradition inspiriert Nietzsche in ähnlicher Art und Weise, die Freundschaft in den Vordergrund zu stellen[88]. Der höchste Zustand einer solchen Freundschaft ist im Genuss des gemeinsamen Lebensabends zu erreichen (*vgl.* KSB: 3,62). *Semper nostra manet amicitia* ist ein Leitspruch über viele Jahre der Jugend hinweg, den Nietzsche in den Briefen an seine Freunde wiederholt verwendet. Nach den vorher gemachten Bemerkungen zu Nietzsches Einsamkeit, in welcher Nietzsche immer schon in der Gesellschaft des Unter-sich-Seins ist, muss sich der Freund als der Dritte im Bund einreihen (*vgl.* Za I: 4,71). Für den Einsamen ist der Freund ein großer Gedanke, der ihn seine Einsamkeit ertragen lässt und ihn gegen die wahre Einsamkeit feit.

Der beste Freund ist jener, der selbst auch Einsamkeit ertragen muss. So drückt sich Zarathustra aus, wenn er wohlgesinnt seinem Freund zuruft: „Fliehe, mein Freund, in deine Einsamkeit und dorthin, wo eine rauhe, starke Luft weht". (Za I: 4,68). Diese Aussage steht im Kontext der Schaffung von Gleichgesinnten bei Nietzsche, welcher die Freundschaft nur als eine Möglichkeit der Verständigung unter den Auserwählten versteht, die einander metaphorisch gesehen von Bergspitze zu Bergspitze zurufen und sich über die schwierigen Themen ihrer Tätigkeit verständigen können. Den meiner Ansicht nach besten und persönlichsten Austausch hatte Nietzsche, wie seine Briefe zeigen, mit seinen Freunden. Natürlich bestand dieser Austausch nur so lange, wie Nietzsche den Freund als Freund empfand und nicht einen Bruch herbeiführte, wie er oft genug in seiner Korrespondenz aufscheint. Der Bruch der Freundschaftsbande ist meistens eine Folge der eigenen Verwandlung Nietzsches und der damit verbundenen Entfremdung im Bezug auf die Freunde. Nietzsche nennt diesen Vorgang das Gespenst

88 „Das Höchste, was die *bewußte* Ethik der Alten erreicht hat, ist die Theorie der Freundschaft [...]". (KSA: 7,25).

der Freundschaft. Durch die eigene Verwandlung kann der Freund nicht mehr jener sein, der er vor der Verwandlung war und wird zum Gespenst in der Erinnerung an eine nun schon vergangene Freundschaft (*vgl.* MA II: 2,487). Wenn man will, kann man das Gespenst ein Gespenst der Einsamkeit bzw. des nun wieder einsam gewordenen Nietzsche nennen.

In der Biographie Nietzsches von Werner Ross wird die Freundschaft als unentbehrlicher Bestandteil des Lebens Nietzsches dargestellt. Es ist die Ausnahme vom ständigen Alleinsein und sogar das Elixier des einsamen Lebens[89]. Etwas differenzierter hat Jonas Fränkel schon im Jahre 1906, veranlasst durch die Publikation der Briefe aus Nietzsches letzten Jahren vor der geistigen Umnachtung, versucht, Nietzsches Beziehung zu Freunden aus der Einsamkeit heraus zu erklären. Die Hauptthese formuliert er so: Wir wissen, „wie grenzenlos einsam Nietzsche in seinen letzten Jahren gewesen, wie dieser Virtuose der Freundschaft, dem eine Freundesseele über alles ging, sich gerade damals, wo er nach aufhorchenden Freunden lechzte, dazu verurteilt sah, von allen verlassen allein seinen Weg zu gehen“[90]. Für ihn ist das ganze Leben Nietzsches ein „Schrei nach Menschen – ein Schrei, dem kein Echo antwortet“[91].

Fränkel ist der Meinung, dass Nietzsche eher unschuldig an seiner Vereinsamung in Hinblick auf seine Freunde ist und führt diesen Aspekt an den „Freunden“ Nietzsches aus seinen letzten Jahren aus: Er verwendet dabei die Korrespondenz mit Hippolyte Taine, Gottfried Keller und Jacob Burckhardt. Fränkel exemplifiziert die steten Bemühungen Nietzsches um die Gunst derselben, während diese in ihren gut gemeinten Briefen sehr vorsichtig versucht haben, ein Lob oder eine Kritik an den Werken Nietzsches anzubringen. Jedes Lob wurde von Nietzsche in einem unverhältnismäßig großen Ausmaß gefeiert, obwohl nach der Meinung Fränkels dazu überhaupt kein Grund bestanden hätte. Vielleicht haben wir es hier mit einem Phänomen zu tun, welches Nietzsche einige Male genannt hat: das Phänomen des Einsamen, dem aus der Einsamkeit heraus der Verkehr mit den Menschen schmackhaft wird[92].

---

89 Ross, Werner: Ebenda. S. 54 und S. 235.

90 Fränkel, Jonas: Der große Einsame. S. 504-506. In: Die neue Rundschau, XVIIter Jahrgang der freien Bühne. 1. Band. - Berlin: S. Fischer Verlag. 1906. S. 504.

91 A. a. O.

92 „Hält sich Einer, mit entsagendem Sinne, absichtlich in der Einsamkeit, so kann er sich dadurch den Verkehr mit Menschen, selten genossen, zum Leckerbissen machen“ (MA II: 2,516) und weiter: „Für einen solchen Einsamen ist aber ‚der Freund' ein köstlicherer Gedanke als hier die Vielsamen“. (KSB: 6,44).

Die Freundschaft mit den angeführten Personen ist keine einfache Freundschaft, zumal diese immer wieder von Brüchen, Zäsuren und Konflikten geprägt ist. Oft war das Verbindende das gemeinsam verfolgte Ziel im geistigen Wettstreit, welches Nietzsche mit den angeführten Menschen verband. Verschwand dieses, so änderte sich häufig auch die Situation der Freundschaft.[93] Seine „freundelose Vereinsamung", wie er sie einmal in einem Brief an Erwin Rohde nennt, kann nur in der Vorstellung von Nietzsche durchbrochen werden (*vgl.* KSB: 5,474).

Bei Hubertus Tellenbach, dessen Ansatz schon bei den Bewegungen der Einsamkeit vorgekommen ist, ist der Verlust der Freundschaft die Folge für eine nicht realisierbare Gemeinschaft aufgrund der einsamen Sendung, die Nietzsche sich zu eigen macht. Es kann nach Tellenbach ein Individuum, dessen Grundsatz aus dem *amor fati* – der Liebe zum Schicksal – zusammengesetzt ist, nicht Freunde haben. Denn gerade das Schicksal spaltet sich in ein Verlangen nach Einsamkeit und eine den Menschen zugewandte Seite. Beide Existenzmöglichkeiten laufen mehr und mehr auseinander und bilden die Antinomie schlechthin des Lebens Nietzsches, welches daran zerreißt[94]. Tellenbach nennt diesen Verlauf der sich aufspaltenden Sehnsucht nach Einsamkeit und Freundschaft bei Nietzsche die „Antinomie des Gemüts". Diese grenzt sich von der zunehmenden „Antinomie des Geistes" ab. Das Gemisch aus den beiden Antinomien beinhaltet so viel explosiven Stoff, dass Nietzsche daran wie Dynamit explodiert. Usinger beschreibt die Entwicklung der Romantik, welche in einem intellektuellen Freundeskreis begonnen hatte und in der Einsamkeit geendet hat, in Analogie zum Leben Nietzsches[95].

Nachdem wir die Gesellschaft von der Solitär-Person abgegrenzt haben, könnten nun zwei interessante Untersuchungen angeführt werden, die sich spezifisch mit den Ursachen der Abgrenzung des Individuums von den Freunden zugunsten der Einsamkeit beschäftigen. Es handelt sich dabei vorerst um einen Artikel von J. M. Bernstein mit dem Titel „Autonomy and solitude"[96]. Darin nimmt Bernstein einerseits die Verdeutlichung der Relation zwischen Autonomie und Einsamkeit bei Nietzsche vor, während er andererseits zu den beiden Begriffen einen Gegensatz in der Gesellschaft und Freundschaft schafft. Seine These

93 Ein gutes Beispiel hierfür hat Edgar Salin in seiner Recherche zum Freundschaftsverhältnis zwischen Friedrich Nietzsche und Jacob Burckhardt erarbeitet: Vgl. Salin, Edgar: Vom deutschen Verhängnis. Gespräch an der Zeitwende: Burckhardt – Nietzsche. – Hamburg: Rowohlt Taschenbuchverlag. 1959.

94 *Vgl.* Tellenbach, Hubertus: Ebenda. S. 50ff.

95 *Vgl.* Usinger, Fritz: Ebenda. S. 128.

96 Bernstein, J. M.: Autonomy and solitude. S. 192-215. In: Ansell-Pearson, Keith: Nietzsche and Modern German Thought. - New York: Routledge. 1991.

lautet: „Nietzsche, I will argue, continues the project of modernity as autonomy while interrogating its limits and intriguing its dissolution“[97]. Über einen Vergleich von Kants autonomem Individuum mit Nietzsches Auffassung zur Heterogenität der Moral, gelangt Bernstein zu einer Scheidung von Gemeinsamkeit und Individuum. Die erstere Möglichkeit beinhaltet die Heterogenität, wobei letztere Möglichkeit in ihrer Autonomie durch drei Begriffe determiniert wird: „creation, legislation, self-legislation itself“[98]. Im Zentrum dieser Unterscheidung steht die Freiheit des Willens zur Macht. Im Wollen eines autonomen Individuums muss sich das Selbst positionieren. Im Gegensatz zu Kant ist die Autonomie Nietzsches weder universalisierbar noch jedem Einzelnen auferlegt, sondern: „Nietzschean autonomy and obligation entails responsibility *for* others not *to* them; they are moral patients not moral agents“[99]. Die Autonomie ist eine Aufgabe der Einsamkeit bei Nietzsche, die sich im Selbst des jeweiligen Individuums entwickelt. In der Folge ihrer Ausgegrenztheit sind autonome Individuen Einsiedler, welche in einem Zustand kulminieren, der dem Tod sehr ähnelt, da für Bernstein das Leben mit der Gemeinschaft verbunden ist.

So ganz präzise ist die Unterscheidung von Freund und Individuum in der angeführten Untersuchung noch nicht zum Vorschein gekommen. Paul van Tongeren trennt genauer in seinem Aufsatz über die Freundschaft, die Einsamkeit und deren Bindeglied: die Selbstkenntnis. In drei Schritten gelangt er zu einer genauen Darlegung des Sachverhaltes. Im ersten Punkt beschreibt er die Selbstkenntnis als eine Notwendigkeit bei Nietzsche, um in eine Freundschaftsbeziehung treten zu können: „Zelfkennis maakt dat vrienden elkaar juist de verhulling, het geheim, het misverstand gunnen, en precies daardoor: vriend kunnen zijn“[100]. Im zweiten Schritt wird klar, dass die philosophische Selbstkenntnis im selben Moment einsam macht, wie sie die Möglichkeit zur Freundschaft bietet. Im ständigen Suchen nach dem Wissen und der Erkenntnis in sich selbst, wird man einsam. Die fortlaufende Kritik, auf welche immer noch eine Metakritik folgt, mündet in der Einsamkeit. Van Tongeren exemplifiziert diesen Fall an einem einfachen Konsekutivsatz: „Kennis is kritiek; kritiek is zelfkritiek; kennis is zelfkennis“, worauf folgt: „Maar deze zelfkennis maakt eenzaam“[101]. Den Abschluss in diesem Gedankengang macht die Folgerung, dass der Philosoph trotzdem

97 A. a. O. S. 194.

98 A. a. O. S. 201.

99 A. a. O. S. 212.

100 Van Tongeren, Paul J. M: Vriendschaap, eenzaamheid en zelfkennis. Ebenda. S. 124.

101 A. a. O.

die Einsamkeit bevorzugen muss, insofern auch die Freundschaft ihm keine Möglichkeit bietet, sich so zu zeigen, wie er ist. Er muss sich fortwährend verhüllen vor dem Freund und sich eine Maske aufsetzen, um zu gefallen. Deshalb reduziert sich die Notwendigkeit der Freundschaft auf eine Vorbereitung des Freundes für den Übergang zum Übermenschen.

Karl Jaspers, der, wie wir wissen, ja grundsätzlich von einem biographischen Ansatz ausgegangen ist, beschreibt auch das Verhältnis von Freundschaft und Einsamkeit, indem er zwei wichtige Freundschaften – jene mit Erwin Rohde und jene mit Richard Wagner – in den Briefen und Texten Nietzsches bis zu ihrem Ende verfolgt. Darin sieht er beide Male sehr große Verluste für Nietzsche, kommt dann aber in einer Betrachtung nach der Untersuchung der Freundschaft auf eine interessante Feststellung: „Was Nietzsche an Freundschaft *dauernd* bleibt, scheint gerade in der Dauer das Kennzeichen seines für ihn geringeren Gewichts zu haben. Der verzehrende Gang seiner Seinserfahrung bekundet sich in seiner Weltlosigkeit als seinem Ausnahmesein“[102]. Wichtig ist der erste Satz des Zitats: Es scheint so zu sein, dass Nietzsche aufgrund der Dauer der Freundschaft mit einem Freund diese ab und zu beendet hat, weil im Grunde genommen nichts von Dauer sein kann und auch im Werk Nietzsches ist eigentlich nicht explizit von einer ewigen Freundschaft die Rede. Es sind immer nur punktuelle Momente der Freundschaft, Beschreibungen des Zustands und der Voraussetzungen einer Freundschaft.

Somit ist die Grenze zwischen Gesellschaft und Solitär-Person einerseits, und die Trennung von Freundschaft und Individuum andererseits geklärt. Die konkreten Beispiele der Trennung haben sich vorwiegend auf das Verhalten und den Ausdruck der Gesellschaft und der Einzelnen bezogen, während ein wichtiger und sehr einseitiger Punkt nur sehr undeutlich formuliert wurde: die Äußerungen des Einsamen. Wie kommuniziert ein Einsamer wie Nietzsche mit seiner Umwelt? Oder kommuniziert er gar nicht mehr wirklich, sondern nur mehr über Briefe und Texte? Gibt es eine theoretische Auseinandersetzung Nietzsches, die sich mit den „besten“ Freunden des Einsamen beschäftigen: dem Schweigen und dem Selbstgespräch? Die gibt es sehr wohl. Und nicht nur Nietzsche, sondern auch seine Interpreten haben diesen Aspekt hervorgehoben, was ich ebenfalls im nächsten Abschnitt machen will.

102 Jaspers, Karl: Ebenda. S. 64.

4.2 Das Schweigen, der Monolog und der Gesang

Der Titel dieses Abschnittes soll eine Bewegung aufzeigen: die Bewegung vom Schweigen über den Monolog zum Gesang. Genau genommen passt der Gesang nicht in diese Entwicklung hinein, müsste doch das dritte Element der Dialog bzw. der Polylog sein. Abgesehen von der möglicherweise zu simplen Vermischung von Sprachlichem und Musikalischem, kann gesagt werden, dass der Gesang ja keine eigentliche Form des Dialogs ist, sondern viel mehr Eigenschaften des Monologs aufweist: Es „spricht" im Gesang eine Seite, während die andere Seite – das Publikum, die Zuhörer – sich aufs Zuhören verlegen müssen. Gerade diese meiner Ansicht nach rezipierende Haltung des Nicht-Antwortens der Zuhörer lässt mich einen Unterschied zum Dialog feststellen. Zwar kann sehr wohl der Unterschied demarkiert werden, dass im Monolog das Individuum sich selbst als einziger Zuhörer dient, während im Gesang die Vielen Zuhörerschaft sind, doch im Grunde genommen bleibt Gesang ein Monolog, der dem Vortrag dient. Und wirklich, in der Philosophie Nietzsches scheint besagter Dialog im Bezug auf die Einsamkeit zu fehlen und an seine Stelle der Monolog in Form des Gesangs zu treten. Aber ich bin etwas voreilig und gebe die Schlussfolgerung dieses Abschnittes schon am Beginn desselben preis. Den Anfang muss eine kurze Betrachtung des Schweigens bei Nietzsche machen.

Das Schweigen steht in einem engen Verhältnis zur Einsamkeit. Befindet man sich im Zustand der Einsamkeit, so ist man zu schweigen geneigt, weil nicht selten das Einsamsein mit einem objektiven Alleinsein zusammenhängt und dem Einsamen deshalb der Gesprächspartner abgeht. Im strengen Sinn ist Schweigen bei Nietzsche aber nicht unbedingt mit der Einsamkeit verbunden. Er versteht, wie schon gesagt, die Einsamkeit als ein Unter-sich-Sein und somit als eine Form der Zweisamkeit. Die Form der Kommunikation kann dann als eine Art von Selbstgespräch aufgefasst werden, in welchem das Individuum mit sich selber redet und sowohl den Sprecher als auch den Angesprochenen in sich vereint. Meiner Meinung nach ist das sogar noch eine Vorform bzw. primitive Art der Kommunikation. Nietzsche beschreibt diese Art der Kommunikation als „[...] einsiedlerische[s] Reden, auf welches sich nur die Schweigendsten und Leidendsten verstehn: ich redete, ohne Zeugen oder vielmehr gleichgültig gegen Zeugen, um nicht am Schweigen zu leiden [...]". (MA II: 2,374). Die Kommunikation mit sich selbst ist eine Art des Selbstschutzes vor der Einsamkeit und gemäß Nietzsche besteht auch die Möglichkeit, das eigene Schweigen durch das Reden zu verbergen (*vgl.* KSA: 12,278). Selbstverständlich ist in diesem Fall nicht das „einsiedlerische Reden" gemeint.

Wir müssen Nietzsches Aussage, die er Zarathustra in den Mund legt, aber auch in einem anderen Sinne deuten: „Zu lange gehörte ich der Einsamkeit: so verlernte ich das Schweigen". (Za II: 4,106). Die lang andauernde Einsamkeit ist also kein guter Zustand, um nach Meinung Nietzsches schweigen zu können. Zwei Schritte zu schnell, muss ich zurückkehren an den Anfang des Schweigens, denn bevor man Schweigen verlernen kann, muss man das Schweigen nach Auffassung Nietzsches erlernen. Das Bedürfnis nach der Lehre des Schweigens kennt Nietzsche aus der Jugend, in welcher er das Schweigen lernte und er meint: „So lernte ich bei Zeiten schweigen, so wie, daß man reden lernen müsse, um recht zu schweigen [...]". (KSA: 11,498). Auf dem Ölberg offenbart sich Zarathustra der Lehrmeister des Schweigens. Es ist der Himmel im Winter, der durch seine Wolken lange Zeit die Sonne verschweigen kann (*vgl.* Za III: 4,219). Zwischen dem Lernen und dem Verlernen des Schweigens liegt das Können des Schweigens[103]. Die Kenntnis des Schweigens ist ein Merkmal der freien Geister. Man soll zum Schweigen trotz der fehlenden Notwendigkeit derselben in der Einsamkeit fähig sein.

Aller Wahrscheinlichkeit nach meint Nietzsche hierbei zwei verschiedene Arten des Schweigens. Seiner Ansicht nach gibt es ein negatives und tückisches Schweigen (*vgl.* BA: 1,693 und Za II: 4,174) im Gegensatz zum großen Schweigen (*vgl.* M: 3,259f.), wie es sich in der Natur besonders im Himmel und am Meer manifestiert. Er nennt dieses Schweigen in Opposition zum Schweigen des Himmels im Winter das „entwölkte Schweigen" (KSA: 11,339) oder die „Schweigsamkeit aller Leuchtenden" (Za II: 4,137). Die Leuchtenden sind die Menschen in der Einsamkeit bzw. der Philosoph, der einsam auf seinen Denkpfaden wandelt. Seine Schweigsamkeit ist die Schweigsamkeit gegenüber den ihn umgebenden Menschen. Wenn der Philosoph schweigt, kann dies die Höhe seiner Seele zeigen (*vgl.* KSA: 12,484) und er ist froh, schweigen zu dürfen[104], wenn auch das Umfeld ihm gegenüber schweigt. Dies war bekanntlich Nietzsche im Bezug auf seine Bücher überhaupt nicht recht.

Interessant ist das Schweigen für die Nietzscheforschung allemal und es gibt einige Untersuchungen zu dieser Problematik. Claus Zittel erkennt in der Form des Selbstgespräches ganz klar ein Zeichen der Einsamkeit[105]. Die Verwendung des „Du" in den Gedichten ist in vielen

103 Nietzsche führt in ein paar Fragmenten ab dem Jahre 1885 das Schweigen-Können als einen zu behandelnden Punkt in Konzepten zu möglichen Büchern an (*vgl.* KSA: 11,544; 12,61 und 13,66).

104 Nietzsche formuliert zur Verdeutlichung dieser Behauptung ein Sprichwort: „[...] nur dadurch Philosoph *bleibt*, dass man - schweigt". (MA I: 2,22).

105 *Vgl.* Zittel, Claus: Ebenda. S. 206.

Fällen als ein Sich-selbst-Ansprechen zu verstehen, wo Nietzsche als Dichter und als sein Gegenüber fungiert und der Leser erst als dritte Person in Beziehung zum Gedicht zu stehen scheint. Der Dichter der Moderne, wie Eberhard Lämmert bezeugt, ist aufgrund eines Entzugs des Anlasses zum Dichten, welcher nicht mehr von der Gesellschaft öffentlich getragen wird, nicht nur zu einem permanenten Selbstgespräch genötigt, sondern er muss sich dabei auch selber zuhören. Es fehlt aber demjenigen, der nur mehr sich selbst zuhört, im Selbstzuhören der Hörer, der Urteil und Kritik mit sich bringt[106]. Es ist dies ein Schweigen gegenüber der Umwelt, welches das Individuum im Verborgenen seiner eigenen Meinungen allein lässt und alleine lassen will.

Theo Meyer spricht vom Pathos des Schweigens bei Nietzsche: „Das Verhältnis von Sprache und Schweigen ist bei Nietzsche ein Zentralproblem. ‚Schweigen' und ‚Stille' sind Nietzschesche Schlüsselwörter. Sie tauchen immer dann in den Texten auf, wenn es um letzte Tiefen geht"[107]. Mit dem Tiefen meint Meyer das Bedeutende und auch das Hohe bzw. das Schwierige. Der Interpret bringt das Unaussprechbare in Zusammenhang mit dem Sein und der Wahrheit. Es gibt Dinge, über die man der Sprache zum Trotz schweigen muss, obwohl die Texte Nietzsches gerade von seiner Sprachkunst leben. Es ist dies ein Paradox zwischen dem Schweigen und dem Zur-Sprache-Bringen[108]. Einerseits will Nietzsche über das Unsagbare schweigen, andererseits wird er von einem übermächtigen Verkündigungswillen getrieben. Wiederum haben wir eine Antinomie: Meyer kennzeichnet diese mit dem Gegensatz von Monolog und Verkündigung. Interessanterweise kann besonders die schweigsame Einsamkeit zu einem extremen Mitteilungsbedürfnis führen[109]. Erst aus der Einsamkeit scheint sich der Verkündigungstrieb zu entwickeln.

---

106 *Vgl.* Lämmert, Eberhard: Ebenda. S. 54. Da diese Position zu den zentralen Argumenten der literaturwissenschaftlichen Interpretation von Nietzsches Gedichten im Hinblick auf die Einsamkeit gehört, wird im nächsten Kapitel noch ausführlicher von diesem Umstand gesprochen.

107 Meyer, Theo: Nietzsche: Kunstauffassung und Lebensbegriff. Ebenda. S. 572. Alle diese Punkte sind mehr oder weniger ebenso ausführlich im früheren Artikel von Meyer - „Das Problem der Einsamkeit bei Nietzsche" - ausgeführt. *Vgl.* dazu Meyer, Theo: Das Problem der Einsamkeit bei Nietzsche. S. 45 und 69ff.

108 *Vgl.* Meyer, Theo: Nietzsche: Kunstauffassung und Lebensbegriff. Ebenda. S. 573ff.

109 „An einem extremen Punkt schlägt die Einsamkeitserfahrung in den Mitteilungstrieb um" (A. a. O. S. 557) und etwas später: „Die absolute Einsamkeit schlägt um in die rhetorische Verkündigung". (A. a. O. S. 571).

Nun ist der Monolog natürlich keine eigentliche Verkündigung. Denn dem Monolog fehlt der Impetus zum Übergang in ein Sprechen mit dem Anderen. Diesen Impetus kann die Einsamkeit entwickeln. Nietzsches Verkündigung wird höchstwahrscheinlich aufgrund einer Kommunikation, die als Basis die Einsamkeit hat, zum Gesang[110]. Daniel Halévy beschreibt diesen Übergang sehr schön anhand des Buches von Nietzsche namens „Jenseits von Gut und Böse":

> „[... S]ur les pages *Au delà du Bien et du Mal*, nous voyons tomber les premières lueurs du crépuscule. La dernière recherche de Nietzsche sur le monde historique fuit l'avenir, va reculer vers le passé; sa dernière recherche sur le monde intérieur va s'arrêter sur un silence, un refus de parler; sa dernière page sera un chant anxieux"[111].

Die Stille und das Schweigen münden in einen Gesang. Und nicht nur das: Die Sprache selbst wird Einsamkeit. Einsamkeit in dem Sinne, dass sie sich nicht mehr an ein Wesen außerhalb des Individuums richtet, sondern nur mehr in der eigenen Einsamkeit verharrt. Die Figur des Zarathustra ist in ihrer Einsamkeit nicht mehr fähig, sich mitzuteilen und er singt sich seine Lieder nur mehr selbst vor, um seine Einsamkeit kaschieren zu können. Und doch findet er einen Weg aus der Einsamkeit heraus, indem er dem Leser indirekt seine Lieder präsentiert.

Nietzsche, der sich sein ganzes Leben lang mit Musik auseinandergesetzt hat, bringt uns selbst auf die Identifikation der Einsamkeit mit der Musik bzw. der Sprache, wenn er z. B. in der „Morgenröte" über die „unschuldige Musik" schreibt, welche folgendermaßen charakterisiert wird: „[... D]as Von-selber-Ertönen der tiefsten Einsamkeit, die über sich mit sich redet und nicht mehr weiss, dass es Hörer und Lauscher und Wirkungen und Missverständnisse und Misserfolge da draussen giebt". (M: 3,208). Seltsam mutet dieses endogene Ertönen der Einsamkeit an, aber Nietzsche sieht auch anderenorts wie z. B. in Beethovens Musik ein „Selbsterklingen der Einsamkeit" (*vgl.* KSA: 13,405). Die Einsamkeit ist vordergründig zwar Domäne des Schweigens, muss aber aus dem Schweigen heraus klingen und tönen. Für wen und für was der Klang gedacht ist, ist schwierig zu klären. Einerseits kann es sich um den Klang handeln, den der Einsame für sich selbst produziert, andererseits besteht die Möglichkeit, wie schon erwähnt, den Klang für Andere zu erzeugen. Immer finden wir den Ausdruck des Umschlagens anwesend, der zwischen dem Monolog und der Verkündigung vorherrscht.

---

110 „Die aus dem Schweigen erwachsende Sprache kann sich zur Musik steigern". (A. a. O. S. 576).

111 Halévy, Daniel: Solitude de Nietzsche (1885). S. 71-103. In: Hier et Demain. N° 1. Explication de la Deuxième République par Adrien Dansette. - Paris: 1942. S. 95.

Karl Jaspers hat sich in seinen philosophischen Werken sehr eingehend mit dem Phänomen der Einsamkeit in Relation zur Kommunikation beschäftigt, mit der wir beim Gesang konfrontiert werden. Sein ehemaliger Assistent Hans Saner hat dieses Wechselverhältnis bzw. deren dialektische Verbindung genau beschrieben: „Wer nicht durch Einsamkeit Ich wird, ist nicht fähig zur Kommunikation, wer nicht in Kommunikation steht, kann nicht einsam und nicht Ich sein“[112]. Ohne näher auf die sehr ausgiebige Untersuchung einzugehen, die Saner bei Jaspers in drei Zusammenwirkungen des Verhältnisses von Kommunikation und Einsamkeit jeweils den drei Egos entsprechend herausarbeitet, muss auf die Entstehung der Einsamkeit hingedeutet werden. Jaspers war der Meinung, dass die Einsamkeit überhaupt erst durch den Anderen entsteht und erst im Setzen des eigenen Ichs als Abgrenzung zum Anderen Alleinsein möglich wird. Die Abgrenzung vom Anderen realisiert sich in der Kommunikation[113]. Vielleicht ist das die Ursache für Nietzsches Heraustreten aus dem Schweigen der Einsamkeit zur Kommunikation. Das Faktum, welches Jaspers anschneidet, wenn er von der Unmöglichkeit der Kommunikation bei Nietzsche spricht, kann nur ein Ausdruck für die herkömmliche Kommunikation sein[114], welche bei Nietzsche in eine Artikulation durch Musik und Gesang übergeht. Deshalb haben wir es nicht mehr mit einer herkömmlichen Kommunikation zu tun.

Wir haben gesehen, dass bei Nietzsche die Einsamkeit tönen kann und wenn ich noch einmal auf die Freundschaft zurückkommen darf, zeigt Nietzsche auch Tendenzen, die Einsamkeit zu besingen. Sehr gute Einblicke bekommen wir in die Verschiebung von Nietzsches Leben als einem Zustand mit Freunden zu einem Zustand der Einsamkeit, wenn wir uns seine komponierten Hymnen ansehen. Im Mai 1873 schreibt Nietzsche an seinen Freund Rohde, dass er ein Preisausschreiben für alle Freunde veranstalten will, ein Gedicht zu einem von ihm komponierten „Hymnus an die Freundschaft“ zu gestalten. Die erste Verszeile stammt von Nietzsche selbst: „Freunde Freunde haltet fest zusammen“. (KSB: 4,151). Ungefähr zwei Jahre später schreibt Nietzsche wiederum an Rohde: „Übrigens ist Weihnachten der Hymnus auf die Freundschaft herrlich zum Ziele geführt worden. Für zwei Hände. In den seltensten Stunden arbeite ich jetzt, alle paar Wochen zehn Minuten, an einem Hymnus auf die Einsamkeit“. (KSB: 5,17). Das Gefühl der Freundschaft weicht zunehmend und macht der Hymne an die Einsamkeit Platz, von der ein

---

112 Saner, Hans: Einsamkeit und Kommunikation. Essays zur Geschichte des Denkens. - Basel: Lenos Verlag. 1994. S. 82.

113 *Vgl.* a. a. O. S. 81.

114 *Vgl.* Jaspers, Karl: Ebenda. S. 71 und 74.

Jahr später wieder in einem Brief an Rohde die Rede sein wird (*vgl.* KSB: 5,277).

Das komplizierte Geflecht aus Schweigsamkeit, Monolog und Gesang hat der Dichter Stefan George in seinem Gedicht *Nietzsche* sehr eindringlich verfolgt. Nietzsche kommt in Form des Donnerers und als Erlöser aus einer vorerst noch „frommen Stille". Dann aber durchbricht ein Schrei die Stille: [...]

Und aufzuschrein im schmerz der einsamkeit.

Der kam zu spät der flehend zu dir sagte:
Dort ist kein weg mehr über eisige felsen
Und horste grauser vögel – nun ist not:
Sich bannen in den kreis den liebe schliesst ...
Und wenn die strenge und gequälte stimme
Dann wie ein loblied tönt in blaue nacht
Und helle flut – so klagt: sie hätte singen
Nicht reden sollen diese neue seele!

Stefan George: *Nietzsche*[115]

George meint mit dieser Stimme in den letzten vier Verszeilen ein mit Nietzsche kommunizierendes Ich, das, weil es nur „redet", nicht imstande war, Nietzsche auf die Gefahren des Lebens in Gletscherregionen aufmerksam zu machen. Das sprechende Ich hätte „singen" sollen, denn die Kommunikation des einsamsten Nietzsches war schlussendlich irgendwo auf den Gesang seines Zarathustras eingeschränkt.

Die Interpretation des Schweigens und der Einsamkeit bei Nietzsche ist mit diesen Feststellungen und Erklärungen noch nicht ganz abgeschlossen. Gerade im Bezug auf die Dichtung Nietzsches wird darauf zurückzukommen sein. Aber auch im übernächsten Abschnitt zum Thema der pathologischen Einsamkeit bei Nietzsche liegt meiner Ansicht nach eine mögliche Erklärung der geistigen Umnachtung – als psychotische Erkrankung gesehen – in Form der Unmöglichkeit der Kommunikation der Einsamkeit vor. Dazu mehr im übernächsten Abschnitt. Zuerst beschäftige ich mich noch mit der Frage nach der Manifestation einer Einsamkeit bzw. des Einsamkeitserlebnisses, das sich nach der Feststellung, dass Gott tot sei, äußert. Wenn Nietzsche annimmt, dass Gott nicht mehr lebt, ist er in der Einsamkeit absolut einsam im Unterschied zu einer Einsamkeit, wie sie uns aus der Tradition des Mystizismus bekannt ist. Denn dort ist die Einsamkeit eine ständige Zweisamkeit mit Gott oder in Gott. Friedrich Parpert spricht sogar von einer „Zweieinsam-

115 George, Stefan: Der siebente Ring. Band 6/7 der gesammelten Werke. - Berlin: Georg Bondi. 1931. S. 13.

keit"[116]. Was bedeutet eine Einsamkeit ohne Gott für den Menschen und den Philosophen Nietzsche? Darüber soll der nächste Abschnitt Aufschluss geben.

4.3 Der Satz „Gott ist tot" und die Einsamkeit

„Seine fürchterlichen Blasphemien waren die inbrünstigen Rufe hoffnungsloser Sehnsucht nach einem Gott, den er während langer Jahre jeden Tag tötete. Jedoch wußte man schon vorher, daß es leichter ist, Gott zu morden, als ohne Gott zu leben"[117]. Mit diesen Worten schließt Manès Sperber seine Darstellung zu Nietzsche ab. Wie die emotionalen Ausdrücke verdeutlichen, ist für Sperber der Tod Gottes bei Nietzsche ausschlaggebend für eine Interpretation. Sehr emotional wurde von der Nietzscheforschung der Tod Gottes diskutiert und gerade in Bezug auf die Einsamkeit gibt es einige Untersuchungen, die sehr radikal Nietzsches gottlose Einsamkeit angreifen. Aber es findet sich auch viel Wahres bei Sperber, wenn er Nietzsches große Schwierigkeiten schildert, die dieser ohne einen Gott hatte. Die gottlose Einsamkeit ist nämlich die Realisation der absoluten Einsamkeit, wie wir sie schon weiter oben kennengelernt haben. Wie aber wirkt sich die Absenz von Gott auf die Einsamkeit aus?

Im Titel dieses Abschnittes werden zwei Teile zusammengebracht, die für Nietzsche jeweils eine wichtige Rolle spielen: die Nicht-Existenz bzw. die Absenz Gottes und die Einsamkeit, das Thema dieses Werkes. Verstehen können wir den Zusammenhang der beiden Teile nur, wenn wir uns alle schon gemachten Erklärungen zum Verhältnis von Nietzsche zum Einsiedler und zum Anachoreten vergegenwärtigen und die Einsamkeit auch als im Mystizismus vorhandenes Element in Betracht ziehen. Denn, wie schon gesagt, ist die Einsamkeit des religiösen Menschen immer schon eine Einsamkeit mit Gott. Wenn Nietzsche erklärt, dass Gott nicht mehr existiert bzw. sich nicht mehr zeigt, dann ändert sich natürlich für die Einsamkeit einiges, insofern die Einsamkeit sich in eine absolute Einsamkeit transformiert, die jede Verbundenheit, sei sie sinnlicher oder übersinnlicher Natur, leugnet. Die absolute Einsamkeit ohne Gott wird zur Verlassenheit von allem und jedem. Ausschließlich man selbst kann sich dann noch Gesellschaft leisten. Der Zusammenhang mit dem Unter-sich-Sein bleibt bestehen. Die Verlassenheit produziert ebenso Angst wie Hilflosigkeit, da man sich nirgends mehr anhalten oder anlehnen kann.

---

116 *Vgl.* Parpert, Friedrich: Ebenda. S. 40.

117 Sperber, Manès: Ebenda. S. 129.

Diese Form der Einsamkeit, wo eine Verbindung mit Gott, dem Kosmos und der Natur nicht mehr vorhanden ist, nennt sich in der Psychologie die kosmische Einsamkeit[118]. In der kosmischen Einsamkeit fehlt jede Relation zur den Menschen umgebenden Lebenswelt. Es gibt weder einen Himmel noch eine Hölle und damit verschwindet für den Menschen eine sinnstiftende Einheit für sein Leben, welche von außen kommt. Folglich muss der Mensch sich selber seinen Sinn vorgeben. Martin Buber hat in einer historischen Darstellung der anthropologischen Frage Kants: „Was ist der Mensch?“ auf diesen Umstand im Zusammenhang mit Nietzsche hingewiesen[119]. Ein Indiz für die Wandlung des Verständnisses vom Menschen ist für Buber immer auch die Auffassung der Einsamkeit in einer Epoche oder bei einem Denker. Durch den Verlust Gottes kommt Nietzsche zu einem Höhepunkt in der Einsamkeitserfahrung, der zugleich ein möglicher Tiefstpunkt im Bezug auf die Menschheit sein kann. Buber formuliert die Wandlung der Einsamkeit wie folgt:

> „Aber wir haben auch gesehen, daß von einer Einsamkeitsepoche zur nächsten Einsamkeitsepoche ein *Weg* führt, d. h., jede Einsamkeit ist kälter, strenger als die vorhergehende, und die Rettung aus ihr schwerer, als die aus der vorhergehenden war. Schlußendlich aber gelangt der Mensch in eine Verfassung, wo er aus einer Einsamkeit die Hände nicht mehr einer göttlichen Gestalt entgegenrecken kann. Dies ist es, was dem Wort Nietzsches zugrunde liegt, Gott sei tot. Es bleibt nun dem Einsamen nichts mehr übrig, als intimen Umgang mit sich selbst zu suchen“ [120].

Entweder man schafft eine enge Beziehung zu sich selbst oder man erschafft sich neue Götter mit neuen Glaubensinhalten – das könnte man Bubers Aussage beifügen. Nietzsche hat sowohl die intime Beziehung zu sich selbst propagiert, als auch neue Gegenstände des Glaubens entwickelt.

Ein anderer Forscher – Fritz Usinger – setzt überhaupt die naturwissenschaftlichen Errungenschaften und die mit diesen mit einhergehende Säkularisierung der Welt, sozusagen der Verlust von Himmel und Hölle, als *incipit* der Einsamkeit an[121]. In einer unendlichen Natur ist der

---

118 *Vgl.* Schwab, Reinhold: Ebenda. S. 22.

119 „Den Sinn, den der Mensch sich selbst geben soll, muß er dem Leben entnehmen“. In: Buber, Martin: Das Problem des Menschen. - Heidelberg: Lambert Schneider GmbH. [5]1982. S. 65.

120 A. a. O. S. 100f.

121 Usinger verdeutlicht in der schon bekannten prosaischen Art die Erkenntnis über die unendliche Natur: „Nichts mehr von Himmelsrosen und Höllenschlünden Dantes. Auch nichts mehr von Styx und Elysium. Nichts als natürliche Natur, gesetzliche Abläufe, unentrinnbares Werden und Vergehen. Kein

Mensch nur ein winziges Wesen und ohne Gott mit sich allein. Für den Theologen Paul Tillich schafft dieses winzige Wesen es, sich durch die eigene Bejahung wichtig zu machen. Er sagt: „The anxiety of fate is conquered by the self-affirmation of the individual as an infinitely significant microcosmic representation of the universe“[122]. Das Thema der Selbstbejahung ist auch ein Thema bei Nietzsche, aber natürlich ist die Frage nach der Einsamkeit für unsere Belange wichtiger und dazu formuliert Tillich in Relation zum für seine Untersuchung notwendigen Begriff „Mut“ die Behauptung, dass Nietzsche irgendwo dem Existenzialismus verpflichtet ist, wenn er den Mut besitzt: „[...] to look into the abyss of nonbeing in the complete loneliness of him who accepts the message that ‚God is dead'“[123]. Tillich ist der Meinung, dass Nietzsche gleichwohl derjenige ist, der am konsequentesten die Frage nach Sinn und Bedeutung in einer von Gott verlassenen und vereinsamten Welt bezüglich seiner selbst zu lösen versucht hat.[124]

Grundsätzlich hat Nietzsche immer eine Scheidung von der Einsamkeit des religiösen Einsiedlers und der Einsamkeit des Gottlosen vorgenommen. Für ihn ist erstere Einsamkeit, falls sie überhaupt als solche bezeichnet werden darf, negativ besetzt. Er nennt die Behandlung der Thematik das „Problem der Einsamkeit mit und ohne Gott“ (*vgl.* KSA: 11,344). Eine wirkliche Unterscheidung haben wir nicht, da Nietzsche ausdrücklich in der „Fröhlichen Wissenschaft“ geschrieben hat, dass er für die Frommen keine Einsamkeit zulässt: „[... D]enn für einen Frommen giebt es noch keine Einsamkeit, – diese Erfindung haben erst wir gemacht, wir Gottlosen“. (FW: 3,616). Noch klarer erwähnt Nietzsche die Trennung der Einsamkeit von der Zweisamkeit mit Gott in einem Brief an Franz Overbeck im Juli 1885:

> „[... I]ch halte mir das Bild Dante's und Spinoza's entgegen, welche sich besser auf das Loos der Einsamkeit verstanden haben. Freilich, ihre Denkweise

---

Anfang, kein Ende. Raumlosigkeit, Zeitlosigkeit: grenzenlose, d. h. sinnlose Welt. Die Stunde dieser Entdeckung gebar die grosse Dämonin der Einsamkeit“. In: Usinger, Fritz: Ebenda. S. 122.

122 Tillich, Paul: The courage to be. - Yale: Yale University Press. 1952. (^{2}2000). S. 120.

123 A. a. O. S. 30.

124 A. a. O. S. 143. Siehe auch Möhrmann, Renate: Ebenda. S. 73. In die Richtung von Usinger geht Tillichs Annahme, dass der Verlust Gottes zu einer Sinnsuche und der nachfolgenden Verzweiflung im 20. Jh. geführt hat: „The decisive event which underlies the search for meaning and the despair of it in the 20th century is the loss of God in the 19th century“. (Tillich, Paul: Ebenda. S. 142). Neben Ludwig Feuerbach hat zu diesem Verlust vor allem Nietzsche einen großen Bestandteil beigetragen.

war, gegen die meine gehalten, eine solche, welche die Einsamkeit *ertragen* ließ; und zuletzt gab es für alle die, welche irgendwie einen ‚Gott' zur Gesellschaft hatten, noch gar nicht das, was ich als ‚Einsamkeit' kenne".

(KSB: 7,63)

Hier stellt Nietzsche sich Dante und Spinoza gegenüber, um seine Denkweise zu unterstreichen, die weder die Einsamkeit ertragen lässt, noch eine unechte Einsamkeit kennt. Nietzsche weiß natürlich, dass ein religiöser Einsiedler bzw. ein frommer Mensch auch in der Einsamkeit noch in Gott jemanden hat, der mit ihm seine Einsamkeit teilt. Interessant ist in diesem Zusammenhang, dass Nietzsche sich immer wieder gerne selbst als Einsiedler[125] oder aber als Eremit[126] bezeichnet, wobei eigentlich beide Begriffe religiös konnotiert sind. Vielleicht haben wir es wieder einmal mit Nietzsches Ironie zu tun.

Wer bei Nietzsche die Einsamkeit untersucht hat, ist am "Tod" Gottes nicht vorbeigekommen. Beinahe alle Interpreten haben in der Einsamkeit Nietzsches auch den Verlust Gottes gekennzeichnet, einige aber haben die Einsamkeit nur unter dem Aspekt des Gottesverlustes gelten lassen. Zu diesen gehört Ralph Harper. In sehr radikaler und ausschließender Art und Weise greift Harper den Tod Gottes bei Nietzsche auf[127]. Er versucht im Vergleich von Nietzsche mit Kierkegaard und Dostoevskij, die Unmöglichkeit von der Nicht-Existenz Gottes zu demonstrieren. Dies gelingt ihm über die Hervorhebung von Fehlern des Denkers Nietzsche. Er schreibt im Bezug auf die "destruction of God" im Hinblick auf den Mangel an Liebe bei Nietzsche:

> "He [Nietzsche] had lived too long off ideas, and ideas are not enough. [... H]e cannot accept the judgment of the infinite over him. [...] Nietzsche was a man who skipped the stages of inwardness and doubleness; he knew con-

---

125 *Vgl.* z. B. KSB: 5,364; 5,383; 5,446; u. a.

126 *Vgl.* KSB: 6,28; 6,464; 7,19 (frz.); u. a. Trotz der religiösen Konnotation des Eremiten ist es möglich, dass Nietzsche dieses Wort in Allusion zum griechischen Wort für Einsamkeit gebraucht. Dort kannte man ἐρῆμος als Adjektiv bzw. das Substantiv εὈρημία. Manchmal taucht die griechische Bezeichnung für die Einsamkeit in Nietzsches Briefen vom Jahre 1868 in folgenden Kombinationen auf: als "ἐρημία τῶν φίλον" (*vgl.* KSB: 2,256) und als "ἐρημία τῶν βιβλίων" (*vgl.* KSB: 2,314).

127 Harper und Ricarda Huch nehmen beide eine streng theologische Position ein, von welcher aus sie äußerst scharf Nietzsches Einsamkeit und Gottesverlust angreifen. Sie verfahren in ihren Interpretationen ähnlich, wie es ein zynischer Spruch tut, den ich auf einem T-Shirt gesehen habe: "God is dead - Nietzsche / Nietzsche is dead - God".

sciousness only. He had no sense of justice, law, order, or love. He could see history illustrating self-will and lack of self-will, but little else"[128].

So fährt Harper fort, Nietzsches Position als Denker zu destabilisieren und ständig das Leben des Philosophen mit dessen Denken zu vermischen[129].

Abgesehen von dieser eher einseitigen Interpretation führt Harper die Einsamkeit Nietzsches als eine Form des Ausschlusses aus, die für jeden zu keiner religiösen Gruppierung gehörigen Menschen gültig ist[130]. Von der Perspektive des religiösen Menschen aus ist das gottlose Individuum notwendigerweise einsam. Harper kritisiert Nietzsche aus der Perspektive eines religiösen Menschen, welcher probiert, Nietzsches „Masken" im Bezug auf Gott und die Religion zu demaskieren. Das will aber nur über die Entlarvung von Nietzsches Schmerz und Dasein funktionieren. Dadurch gerät die Untersuchung zu einer eher subjektiven Abrechnung mit Nietzsche, welche auch Kierkegaard und Dostoevskij trifft.

Nicht anders wie Harper ist Ricarda Huch den religiösen Dogmen verpflichtet. Sie stellt ihre Untersuchungen zu Nietzsches Einsamkeit in den Rahmen einer Deutung der Heiligen Schrift. Interessant wird ihre Betrachtung, wenn sie Nietzsches Unter-sich-Sein als eine durch den Mangel an Gottes Nähe hervorgerufene Form der Inzucht begreift, welche sich als eine Liebe, die nur das eigene Selbst betrifft, realisiert[131]. Vermittels dieser Feststellung bekommt der Selbstschutz, den Nietzsche in seinem Leben und Denken einbaut, eine negative Färbung. Huch geht in der Annahme den richtigen Weg, wenn sie Nietzsches Vorstellung des Genies als dem einsamsten Menschen als Ursache für dessen größte Leiden begreift. Denn mit der Einsamkeit ist, wie wir zur Genüge erfahren haben, die Gefahr der Vereinsamung verbunden. Um noch einmal vom Unter-sich-Sein zu sprechen: Indem Nietzsche Gott für Tod erklärt, kann er sich selbst als das höchste Individuum annehmen, welches von keinem anderen Wesen mehr überragt wird. „[... E]r wollte nicht Gottes Werkzeug sein", formuliert Huch als Feststellung aus und sieht darin die

---

128 Harper, Ralph: Ebenda. S. 75.

129 Auf ein weiteres Beispiel stoßen wir beim Kommentar zum Aphorismus 125 der „Fröhlichen Wissenschaft" über den *tollen Menschen*: „The madman was Nietzsche himself, frenzied, incoherent, incomprehensible to the sane people, insane in reality for eleven years". In: a. a. O. S. 79. Ich bin nicht der Meinung, dass man solche Behauptungen aufstellen soll.

130 *Vgl.* a. a. O. S. 87.

131 Huch, Ricarda: Der Sinn der heiligen Schrift. S. 337-624. In: Schriften zur Religion und Weltanschauung. Gesammelte Werke hrsgg. von Wilhelm Emrich. Band 7. - Köln/Berlin: Kiepenheuer & Witsch. 1968. S. 476f.

Hybris und die Selbstüberschätzung Nietzsches, die diesen schlussendlich wahnsinnig gemacht haben[132]. Auf Huch muss aber noch im nächsten Abschnitt zurückgekommen werden, wenn die Rede von der pathologischen Einsamkeit bei Nietzsche sein wird.

Peter Van Ness grenzt sich mit seiner Untersuchung von den vorhergehenden Ergebnissen etwas ab, wenn er in der gottlosen Einsamkeit einen Mechanismus der Vergeistigung wiedererkennt. Die Einsamkeit wird damit zu einem Moment der dialektischen Entwicklung des Selbst[133]. Für Van Ness ist Nietzsches Einsamkeit: „[...] a life-affirming experience [...] as a biological and aesthetic strategy for achieving fullness of life“[134]. Für den Gottlosen verschiebt sich dabei die geistige Erziehung durch eine göttliche zu einer selbstbestimmten Erziehung und Zucht. Die Einsamkeit wird durch die geistige Erziehung erträglich gemacht[135]. Die geistige Selbsterziehung vollzieht sich in der uns schon bekannten Selbstkenntnis, die Nietzsche in den Vordergrund gerückt hat. Diese Selbstkenntnis hat nämlich auch etwas vom Augustinischen *„intrare in intima mea“* in sich, welches ebenso ein unbedingtes Positivum darstellt. Das Unter-sich-Sein und das In-sich-Schauen spielen dabei zusammen und dienen der Kompensation des Entzugs der Menschen und des Gottes in der Einsamkeit.

Die Einsamkeit eines Menschen ohne Gott ist natürlich sehr problematisch für dessen Denken. Durch die dadurch errungene Höhe sieht man sich leicht veranlasst, sich selbst als Gott anzusehen, besonders, wenn man keine Menschen um sich hat, bzw. ohne jemanden auskommen muss, wie wir es aus dem antiken Rom kennen: Dort soll angeblich bei den großen Triumphzügen zu Ehren eines siegreichen Feldherren auf dessen Streitwagen ein Sklave mitgefahren sein, der diesem ständig ins Ohr flüstern musste, um den Feldherren daran zu erinnern, dass er nur ein Mensch sei. Im Apologeticum von Tertullian ist uns eine solche Situation überliefert, die auch den betreffenden Satz des Sklaven ausführt: *Respice post te! Hominem te memento!* (Apologeticum 33, 4). Und dann stellt sich die Frage, ob das Individuum seine Selbstapotheose aushält. Nicht wenige Forscher haben angenommen, dass Nietzsche diese seine Einsamkeit ohne Gott nicht ausgehalten hat und deshalb in die geistige

---

132 *Vgl.* a. a. O. S. 498 und 515f.

133 *Vgl.* Van Ness, Peter H.: Nietzsche on Solitude: The Spiritual Discipline of the Godless. - In: Philosophy today. Band 32. - Chicago: 1988. S. 348.

134 A. a. O. S. 349.

135 „The Nietzschean solitary endures a world empty of others for the sake of a spiritual fullness [...]. Solitude, for Nietzsche, then, touches the essence of life; it embraces birth, sex, conflict, and deliverance“. In: a. a. O. S. 355.

Umnachtung übergegangen ist, sagt er doch selbst einmal: „– da es keinen Gott mehr giebt, ist die Einsamkeit nicht mehr zu ertragen“[136]. Im Gegensatz zu einer physischen Erkrankung hätten wir es dann mit einer psychotischen Krankheit zu tun. Darüber soll der nächste Abschnitt Aufschluss geben.

4.4 Die pathologische Einsamkeit

Die Erwähnung der pathologischen Einsamkeit bei Nietzsche ist natürlich das Thema schlechthin der biographischen Erklärung vom Begriff der Einsamkeit und für einen guten Abschluss des Kapitels geeignet. Denn gerade wenn man von einer krankhaften Einsamkeit spricht, meint man damit ein eventuell vom Denken des Menschen in sein Leben über- und eingreifendes Phänomen. Wann aber wird die Einsamkeit pathologisch? Meiner Ansicht nach wird sie dann pathologisch, wenn die Einsamkeit nicht mehr nur eine momentane, an gewisse Lebensabschnitte gebundene Einsamkeit ist, sondern zu einer chronischen Einsamkeit für das betreffende Individuum wird. Wir haben es bei der Einsamkeit ja mit einer subjektiven Empfindung bzw. einem subjektiven Zustand zu tun, wodurch bei einer chronischen Einsamkeit der Betreffende von diesem Gefühl und Zustand sich selber durch sich nicht mehr befreien kann. Wie etwas später noch zu erklären sein wird, kann es bei einer pathologisch gewordenen Einsamkeit zu einer Unmöglichkeit der Kommunikation kommen, die die Einsamkeit von einer äußerlichen zu einer innerlichen Einsamkeit verschiebt.

Das Individuum wird dadurch immun gegen das Umfeld und die Mitmenschen und lebt nur mehr in seinem Inneren weiter. Ähnlich beschreibt Jan Assmann das Phänomen des Doppelgängers, welchen sich der an der Einsamkeit Leidende konstruiert:

> „Der Doppelgänger ist das verbreitete Symptom einer pathologisch gewordenen Einsamkeit, wo die Arbeit der ‚inneren Vergemeinschaftung‘ mißlingt, in der keine äußeren Stimmen mehr gehört werden und ‚Ich nur noch auf Ich‘ trifft“[137].

Die innere Vergemeinschaftung ist bei Nietzsche im Unter-sich-Sein gegeben. Nun könnte man fragen, ob mit der Zeit diese Vergemeinschaftung bei Nietzsche nicht mehr richtig funktioniert hat oder soweit von der Realität in die Höhe der Vergeistigung getrieben wurde, von wo aus sich eine Kommunikation mit der Außenwelt nicht mehr vollziehen

---

136 Der Satz nimmt dann aber noch eine andere Wendung: „[...] der hohe Mensch *muß* an's Werk“ und Nietzsche zeigt damit, dass ein möglicher Ausweg gegeben ist. (KSA: 11,493).

137 Assmann, Jan und Assmann, Aleida: Ebenda. S. 17.

konnte und möglicherweise Nietzsche in die geistige Umnachtung geführt hat. Wenn wir einer solchen Argumentationskette bezüglich der Einsamkeit folgen, begeben wir uns in der Erforschung der Ursachen des Wahnsinns bei Nietzsche auf die Seite der Forscher, die eine endogen-psychotisch-schizophrene Krankheit annehmen, gegen eine organische progressiv-paralytische Krankheit, die durch die Infektion mit Syphilis hervorgerufen worden sein könnte[138].

Der Ausgangspunkt für eine Diskussion der pathologischen Einsamkeit ist für den Großteil der Interpreten der Mangel an Liebe bei Nietzsche. Warum gerade die Liebe? Das erfahren wir bei Octavio Paz. Er schreibt in seiner „Dialéctica de la soledad", dass die Liebe ein notwendiger Bestandteil zur Überwindung der Einsamkeit ist. Es handelt sich dabei ebenso wie bei der Einsamkeit um ein antagonistisches Element im Zusammenhang mit der Gesellschaft, denn die Liebe ist: „[...] la revelación de dos soledades que crean por sí mismas un mundo que rompe la mentira social, suprime tiempo y trabajo y se declara autosuficiente"[139]. Diese kleine Beziehungswelt im privaten Leben, wie sie auch die Freundschaft beinhaltet, ist für die Gesellschaft ein gefährliches Element, da daran dieselbe bzw. ihre Öffentlichkeit zu zerbrechen droht. Deshalb versucht die Gesellschaft die Liebe wie die Einsamkeit als Übel abzustempeln[140]. Die Dialektik der Einsamkeit vollzieht sich nach Paz von der Einsamkeit der Geburt bis zur Einsamkeit des Todes und wird einzig von der Liebe als möglicher Verbindung von Menschen unterbrochen. Fehlt die Liebe, kann auch die Einsamkeit nicht überwunden werden. Nietzsche führt das Fehlen der Liebe bei ihm z. B. in einem Brief an Lou von Salomé im Sommer 1882 an, wo er schreibt, dass ihn der Gewinn von Lous Freundschaft ganz umgekrempelt habe: „ – in Folge einer allzustrengen Einsamkeit und Verzichtleistung auf alle Liebe und Freundschaft". (KSB: 6,213). Durch sein ganzes Werk zieht die Liebe als Begriff ihre Fäden, aber Vorsicht: „Die *Liebe* ist die Gefahr des Einsamsten [...]" (Za III: 4,196), sagt uns Zarathustra, wenn auch der Weg des Einsamen der Weg des Liebenden ist – leider aber nur der Weg zur Selbstliebe (*vgl.* Za I: 4,82).

---

138 Hubertus Tellenbach unterscheidet in diese zwei möglichen Ursachen und schlägt sich wie wir auf die Seite der endogen-psychotischen Krankheit, aufgrund der schon erwähnten Antinomien des Geistes und des Gemüts (*vgl.* Tellenbach, Hubertus: Ebenda. S. 39f.).

139 Paz, Octavio: Ebenda. S. 179.

140 „Pero la sociedad moderna pretende resolver su dualismo mediante la supresión de esa dialéctica de la soledad que hace posible el amor". In: a. a. O. S. 181.

Ricarda Huch geht vom Satz „Ich liebe dich" als göttlichem Urgedanken aus und folgert, dass ein Mensch, dem die Kraft der natürlichen Liebe fehlt, nicht fähig ist, sich auf die göttliche Liebe einzulassen[141]. Und gerade bei Nietzsche glaubt Huch in der schon weiter oben angeführten Inzucht durch eine gesteigerte Selbstliebe ein Fehlen der zwischenmenschlichen Liebe zu erkennen. Auch sie identifiziert wie Harper Nietzsches Masken, die dieser in der Freundschaft oder in der Gemeinschaft aufsetzt, als Auslöser für das Leid des Philosophen, denn „[...] wahr und ergreifend ist nur die Klage des Einsamseins und die Sehnsucht nach Liebe"[142]. Für Huch ist Nietzsches Leben ein zunehmendes Sich-Verbeißen in die Einsamkeit, da die Einsamkeit einer der wenigen Orte ist, wo das Individuum sich in seiner vollen Größe entfalten kann, ohne auf das Urteil des Anderen achten zu müssen. Weiters interpretiert Huch dieses Phänomen als Ursache für den Wahnsinn und als Konsequenz für den von Nietzsche praktizierten Angriff von idealen Feindbildern wie dem Christentum oder der Moral. In diese Richtung geht nach Meinung Huchs auch die Unfähigkeit Nietzsches, in den zwischenmenschlichen Beziehungen gegen seine realen Feinde vorzugehen.

Für Huch zerbricht Nietzsche an der Einsamkeit durch den Mangel an menschlicher und göttlicher Liebe: „Schmerzlich ist es das Absterben der Liebe bei Nietzsche zu verfolgen, die er selbst als zunehmende Vereisung seines Inneren deutlich empfindet [...] und [die] mit zunehmendem Größenwahn oder Selbstvergötterung" endet[143]. Obwohl z. B. Jesus Christus ebenso wie Nietzsche die Entlarvung der Heuchelei in Angriff genommen hat, führt erstere Demaskierung in die Liebe, während letztere im Egoismus gipfelt. Einem Egoismus, der nicht mehr aus seiner Verwurzelung im Selbst losgelöst werden kann und deshalb zu keiner Bejahung des Mitmenschen führt. Der Wahnsinn wird dann durch die Verkümmerung Nietzsches in der lieblosen Einsamkeit ausgelöst, wobei im Wahnsinn die Liebe zu Nietzsche zurückkehrt. Oberste Instanz für die Herbeiführung des Wahnsinns ist Gott als Maskensprenger[144]. Somit kommt die Liebe, wenngleich in einer schrecklichen Form, also wieder zu Nietzsche zurück. Eine Interpretation, die man im Zusammenhang mit der Liebe berücksichtigen sollte, ist jene von Karl Jaspers. Dieser hat in seinem biographischen Zugang zu zeigen versucht, dass Nietzsche möglicherweise noch mehr an seiner Einsamkeit litt, weil er selbst nicht imstande war zu lieben, als dass er nicht geliebt worden wäre[145]. Wenn

---

141 *Vgl.* Huch, Ricarda: Ebenda. S. 370 und 379.

142 A. a. O. S. 497.

143 A. a. O. S. 498.

144 *Vgl.* a. a. O. S. 516.

145 Jaspers, Karl: Ebenda. S. 72.

die Liebe nämlich die Einsamkeit überwinden hilft, so ist jemand, der nicht lieben kann, zur Einsamkeit verurteilt.

Der Forscher Ralph Wall geht von folgender These aus, um der möglicherweise pathologischen Einsamkeit bei Nietzsche Herr zu werden: „Einsamkeit und deren Heroisierung ist so möglicherweise als Furcht vor der eigenen sexuellen Lust und als Flucht vor der eigenen Sexualität zu verstehen“[146]. Sein Ansatz versucht die Krankheit als eine Form der Gesellschaftsunfähigkeit zu erklären, aus welcher der freiwillige Rückzug von Nietzsche in die Einsamkeit verständlich wird. Die Krankheit forciert die Beschäftigung mit dem eigenen Ich, insofern man dabei meistens mit sich allein ist und außer der Zerstreuung durch Bücher keine anderen Beschäftigungen tätigen kann. Als Grundstock für diese Argumentation nimmt Wall eine körperlich-sexuelle Problemlage bei Nietzsche an. Wall bezeichnet dabei die Einsamkeit als eine Metaphysik, die Nietzsche durch seine Sublimation des eigenen Selbst eine große Distanz zum Leben verschafft. Die sexuelle Wollust wird in den Drang zu höherer Vergeistigung transferiert[147], welche selbst schon Transfiguration des Schmerzes an der Einsamkeit ist. Die Einsamkeit bei Nietzsche wird zur Selbstbesinnung und zum geeigneten Zustand für die innere Entwicklung, bis sie in den Wahnsinn umschlägt. Die Flucht vor dem Kranken wird zur Flucht in die Krankheit.

Kurz möchte ich bei dieser Bewegung des Umschlagens von der Einsamkeit/Vereinsamung zum Wahnsinn verbleiben. Interessant scheint mir im Zuge der pathologischen Einsamkeit zu sein, dass sich eine schöne Beziehung zur Thematik des Schweigens und des Monologs bilden lässt. Überraschend nimmt nämlich die Behandlung der Einsamkeit bei Nietzsche ab dem Jahre 1885 ab. In jenem Jahr beendet er den vierten Teil des „Also sprach Zarathustra“ und erreicht mit dem gesamten Zarathustra den Höhepunkt seiner Einsamkeitsbetrachtungen. Danach scheinen nur mehr vereinzelte Zitate zum Thema der Einsamkeit in den darauffolgenden Werken und Fragmenten auf. Nun kann es sein, dass Nietzsche seine Untersuchung zur Einsamkeit mit dem Zarathustra als beendet erachtet hat oder, dass die unverhältnismäßig seltenere Erwähnung der Einsamkeit durch die bedingte Anzahl von Werken, die noch folgen, begrenzt wird. In den Briefen aus jener Zeit ist mit wenigen Unterbrechungen nur mehr die Vereinsamung als negatives Gefühl vorhanden. Nietzsche fühlt sich darin einer zunehmenden Verlassenheit ausgesetzt. Für das Verschwinden der Einsamkeit im Werk Nietzsches könnte es meiner Meinung nach noch eine andere mögliche Erklärung

146 Wall, Ralph: Ebenda. S. 12.

147 *Vgl.* Wall, Ralph: S. 57.

geben: die Verinnerlichung der Einsamkeit, die dadurch zu einer pathologischen Einsamkeit wird.

Bücher bzw. Werke werden im Grunde genommen für ein Publikum geschrieben, wenn sie veröffentlicht werden. Im Wort „Veröffentlichung" befindet sich das Adjektiv „öffentlich", womit gemeint ist, dass ein Werk der Öffentlichkeit zugänglich gemacht wird. Die Öffentlichkeit haben wir als das Merkmal der Abgrenzung zur Freundschaft, zur Liebesbeziehung und zum Unter-sich-Sein kennengelernt. Wenn also die Einsamkeit noch in den Briefen als Vereinsamung auftaucht, haftet ihr eben nicht die Öffentlichkeit, sondern das private Ambiente an. Diese Feststellung fixiert uns auf die Annahme, dass der Begriff der „Einsamkeit" von Nietzsche der Öffentlichkeit ab 1885 vorenthalten wird. Mich verleitet dies dazu, eine Trennung zwischen einer äußerlichen und einer innerlichen Einsamkeit[148] einzuführen. Ich unterscheide dabei eine Einsamkeit, die aus dem Individuum herauskommen kann, indem dieses die eigene Einsamkeit oder Vereinsamung seinen Mitmenschen mitteilt und eine Einsamkeit, die im einsamen Individuum drinnen bleibt und nicht mehr kommunizierbar ist. Aus der letzteren, innerlichen Einsamkeit entsteht die pathologische Einsamkeit.

Nietzsche hat zeit seines Lebens auf das Schweigen und den Monolog einen besonderen Wert gelegt und sein Versuch einer Kommunikation im Werk war schlussendlich der Gesang. Es ist möglich, dass Nietzsche durch die ersteren beiden Mechanismen der Äußerung zu einem Verschweigen der Einsamkeit gekommen ist. Im ständigen Unter-sich-Sein hat er möglicherweise die Außenwelt vergessen und sich in sich und in seine Einsamkeit zurückgezogen. Nicht anders kann ich mir den Satz in einem der letzten Fragmente Nietzsches erklären, wo sich Nietzsche mit seiner Einsamkeit identifiziert: „[... I]ch bin die *Einsamkeit* als Mensch ... Daß mich nie ein Wort erreicht hat, das *zwang* mich, mich

---

148 Die Unterscheidung findet sich in ähnlicher Weise bei Renate Möhrmann und ist zur Festlegung des Umschwungs, der sich erstmals im Pietismus im subjektiven Gotteserlebnis manifestiert, gedacht. In der Epoche, in welcher der Pietismus als Erscheinung auftritt, wird die äußere Einsamkeit (wahrscheinlich nach Friedrich Parpert die schon erwähnte kollektive Einsamkeit des Mittelalters) zu einer inneren subjektiven Einsamkeit (*vgl.* Möhrmann, Renate: Ebenda. S. 13 und 18). Ich verwende aber die Adjektive „äußerlich" und „innerlich" nicht in diesem Sinn. Auch Henri Petit kennt eine vergleichbare Einteilung, die aber nicht in der Einsamkeit bleibt, sondern über sie hinausreicht. Er schreibt dazu: „Sa politesse [la politesse de Nietzsche] extérieure n'était que la contrepartie de sa solitude intérieure". (Petit, Henri: Nietzsche devant les temoins de sa solitude. S. 2-3. In: Les Nouvelles Littéraires: Lettres - Arts - Sciences - Spectacles. Nr. 1667 (13.08.1959). - Paris: 1959. S. 3). Auch diese Form der Kategorisierung ist bei mir nicht gemeint.

selber zu erreichen ...". (KSA: 13,641). Nietzsche wird zur Einsamkeit, die sich an einen geheimen Ort begibt, wozu kein anderes Individuum weder mit der Sprache noch mit dem Mitfühlen Zugang hat. Über diese pathologisch gewordene Einsamkeit verstummt der Philosoph am Ende in seiner geistigen Umnachtung.

Mit dieser Interpretation der Einsamkeit als pathologischer Einsamkeit und als möglicher Ursache, die mit anderen Faktoren zur geistigen Umnachtung geführt hat, kann der Teil zu den biographischen Implikationen der Einsamkeit als beendet betrachtet werden. Aufschlussreich war meiner Ansicht nach hierbei die Verdeutlichung der engen Relation von Leben und Denken bei Nietzsche. Das Leben der Einsamkeit spielt in die Philosophie Nietzsches mit hinein und schafft neue Perspektiven. Vermittels der neuen Blickwinkel kann nun das Thema der literarischen Verarbeitung der Einsamkeit bei Nietzsche in Angriff genommen werden. Selbstverständlich sind die Vorarbeiten zum nächsten Kapitel bei den Erklärungen der Metaphern und dem Zitieren von Dichtungen Nietzsches schon ziemlich weit gediehen, dafür aber fehlen noch Interpretationen, die die Einsamkeit in einem größeren Zusammenhang verständlich machen können. Mit diesem Aspekt setze ich mich im folgenden Kapitel auseinander.

5 Die Einsamkeit als literarisches Phänomen

Im Verhältnis zu anderen Philosophen macht bei Nietzsche der Bestandteil von Dichtungen zum philosophischen Werk einen relativ großen Umfang aus. Nietzsche hat das Dichten und Denken allem Anschein nach beides betrieben und in beidem verschmilzt die Erkenntnissuche bisweilen. Die Verschränkung von Dichten und Denken in der Inauguration einer neuen Rhetorik bei Nietzsche wurde bereits im zweiten Kapitel erörtert. Dort haben wir gesehen, dass Nietzsche gerade im Bezug auf die Einsamkeit eine Vielzahl von Metaphern verwendet hat, die zwar nicht ausschließlich, aber doch zu einem großen Teil in der Dichtung ihren Niederschlag gefunden haben. Dort haben wir eine Reihe von Unterscheidungen zwischen den einzelnen Orten der Einsamkeit wie der Wüste, dem Meer oder dem Berg gefunden, die die verschiedenen Formen der Einsamkeit deutlich machen. Aber auch die Bewegungen der Einsamkeit horizontaler und vertikaler Natur konnten wir in der Dichtung sehr gut beobachten. Die literarische Bildhaftigkeit und Verdichtung bieten natürlich ganz andere Möglichkeiten der Präsentation von Ideen, wie es die Sprache eines philosophischen Textes anbieten kann. In der Philosophie ist stets das Ansinnen vorhanden, Verborgenes und Unklares sichtbar zu machen und zu erklären, während in der Literatur mehr Wert auf die Verhüllung des Offensichtlichen gelegt wird. Die Literatur wickelt die sichtbaren Dinge ein und „webt", um einen berühmten Begriff aus der Dichtung der Romantik zu verwenden, die für Nietzsche eine bedeutende Rolle spielt, die Dinge in einen Kontext ein, von dem sie erst durch die Interpretation gelöst werden können.

Beide Arten der Äußerung sind in einem gewissen Sinn Deutung der Welt in allen ihren Aspekten. Darum können auch beide als Mittel der Erkenntnis Anwendung finden und so hat zumindest Nietzsche seine Erkenntnissuche auch verstanden: Das sehen wir vor allem am Hauptwerk Nietzsches, dem „Also sprach Zarathustra", welches einerseits als Literatur, andererseits als philosophisches Werk oder eben gleichzeitig als Literatur und Philosophie gelesen werden kann. Moderne Tendenzen in der Philosophie scheinen diesem Aspekt nicht ganz abgeneigt zu sein, philosophische Texte als Literatur zu lesen und *vice versa*. Dass die Literatur oder Poesie ein bzw. das einzige Mittel der Erkenntnis sein muss, ist ein typischer Gedanke der Romantik. Diese Verschiebung von einem alleinigen philosophischen Erkenntnismodus zu einem, wenn man so will, ästhetischen Erkenntnismodus kommt ebenso bei Nietzsche in der „Geburt der Tragödie aus dem Geiste der Musik" vor[149]. Da wir die Metaphern und eine Vielzahl von Gedichten schon im

---

149 *Vgl.* Lämmert, Eberhard: Ebenda. S. 49.

ersten Teil des Buches kennengelernt haben, ist nun in diesem Kapitel wichtig, Interpretationen aus der literaturwissenschaftlichen Untersuchung von einzelnen Gedichten darzustellen, die uns die Vorstellungen Nietzsches zur Einsamkeit verdeutlichen können.

Ein solcher Interpretationsweg führt über die Literatur der Romantik. Und dort ist vor allem das Phänomen des Dichtergedichts aufschlussreich. Beim Dichtergedicht handelt es sich um eine Dichtung, in der der Dichter sich selber oder die Tätigkeit des Dichtens zu unterstreichen versucht. Bevor das Dichtergedicht besprochen wird, muss ich noch einige allgemeine Grundsätze der schon vorher angedeuteten Epoche der Romantik vorstellen. Es ist bekannt, dass in der Romantik ein großer Umbruch für den Dichter stattfindet. Ist der Dichter bis ins 18. Jahrhundert immer noch so etwas wie ein Handwerker und ein „Verseschmied" gewesen, der mehr oder weniger durch Mäzene gefördert worden ist, empfand sich der romantische Dichter nicht mehr als bloßer „Verseschmied", sondern als Künstler und sogar als Erkenntnissuchender. Diese vom Dichter ausgehende Einsicht verläuft parallel zur Änderung der Akzeptanz des Dichters in der Gesellschaft. Wenn der Dichter vorher notwendiger Bestandteil von Feiern, Hochzeiten – einfach gesagt von Anlässen – war, ist er jetzt dieser Anlässe beraubt und folglich in der Gesellschaft nicht mehr notwendigerweise toleriert. Was nicht heißt, dass dem Dichter selber die Anlässe fehlen, nur werden sie ihm nicht mehr von der Gesellschaft ohne Weiteres angeboten, sondern er muss sich seine Anlässe aus der Natur, dem Individuum und natürlich auch aus der Gesellschaft holen. Der vorromantische Dichter konnte unter Umständen von seiner Dichtung gut leben, während mit der Romantik die Zeit beginnt, wo der Dichter sich mit anderen Tätigkeiten neben der Dichtung über Wasser halten muss.

Der so seiner Anlässe und seiner Existenzmöglichkeit beraubte Dichter entwickelt klarerweise eine Gegenbewegung zu den vorherrschenden Oppressionen durch seinen größten Feind: die Gesellschaft. In diesem Zusammenhang kommen die Dichtergedichte aus der Romantik in die Diskussion. Denn in ihnen manifestiert sich der Widerstand des Dichters gegen die ihn untergrabenden Mechanismen seiner Zeit. Und wie macht er dies? Indem er sich im Gegensatz zur Masse als ausgezeichnetes Wesen, das sein Leben in geistigen Höhen verbringt, darstellt. Als Vorbereitung könnte man dabei die „Vergöttlichung" der Dichter der Klassik – Friedrich Schiller und Johann Wolfgang von Goethe – durch das Publikum ansehen. Diesen ganz typischen Zug der Romantik bzw. dann des ganzen 19. Jahrhunderts hat Heinz Schlaffer in einer Gesamtdarstellung des Dichtergedichts jener Zeitepoche eruiert. Die bei Nietzsche vorkommenden Motive des Berges oder der Vögel, wie dem Adler und dem Albatros, sind dort omnipräsent. Immer dienen sie der

Darstellung einer Hierarchie, die entweder zwischen hoch-tief oder zwischen rechts-Mitte-links verlaufen kann und als typischer Aufbau der Welt in zwei oder drei Schichten das Verhältnis von der Wirklichkeit in Form der Bürger und der poetischen Vorstellungswelt des Dichters wiedergibt[150], in welcher der Dichter sich immer an auszeichnender Stelle einzuordnen weiß. Schlaffer gibt auch sehr klar den Grund an, warum die Dichter sich auszeichnen: „Verkanntsein, Andersartigkeit, Einsamkeit konstituieren die Befindlichkeit des Dichters, die der der Zeitgenossen entgegengesetzt ist; im Tenor zwischen Heroismus und Selbstbemitleidung schwankend, wird dieses Thema nur wenig variiert"[151]. Das Publikum ist darum immer auf einer anderen und schlechteren Ebene als der Dichter.

Der Dichter beansprucht für sich einen Ort mit „numinosem Charakter" jenseits der Geschäftigkeit des Bürgertums, von wo er eine Aussicht auf alles ihn Umgebende hat und möglicherweise sogar, zeitlich gesehen, besser zurück in die Vergangenheit und nach vorne in die Zukunft sehen kann. Beinahe könnte man die Position des Dichters als eine göttliche Position anerkennen, die sich klar von der bürgerlichen Existenz abzugrenzen versucht[152]. Damit gelangt der Dichter einerseits in die Höhe einer Ungewissheit ob seines Fortbestandes, andererseits zurück zu jener antiken Form des *poetavates*, des Dichter-Sehers, der wie ein Prophet mit seiner Dichtung weissagen kann. Das Publikum wird für ihn dadurch unwichtig, insofern er sich selbst ein Publikum wird, falls ihm niemand mehr zuhört. Er dichtet dann in seiner Einsamkeit für sich und bisweilen „bedichtet" er die Einsamkeit als einen Idealzustand.

Nach diesen längeren Ausführungen zum Dichter der Romantik gelingt der Übergang zu Nietzsche vermittels der besprochenen Punkte. Wie schon im Abschnitt über das Schweigen und den Monolog erklärt wurde, ist Nietzsche, veranlasst durch einen Mangel an Publikum, ganz in ein Selbstzuhören übergegangen. Im Selbstzuhören verwendet Nietzsche dieselben Epitheta, wie sie die romantischen Dichter kannten: den Berg, den Gletscher, die Vögel, usw. Dies geschieht dann, wenn Nietzsche sich oder die idealen Existenzformen für den großen Menschen bzw. den freien Geist beschreiben möchte. Eberhard Lämmert schreibt diese Verkörperung des „einzelgängerischen Erkenntnissuchers und Visionärs" durch Nietzsche in den Gedichten auch eher einer literari-

---

150 *Vgl.* Schlaffer, Heinz: Das Dichtergedicht im 19. Jahrhundert. S. 297-335. In: Jahrbuch der Deutschen Schillergesellschaft. Band 10. - Stuttgart: Alfred Kröner Verlag. 1966. S. 300 und 313.

151 A. a. O. S. 303.

152 *Vgl.* a. a. O. S. 307 und 323.

schen Tradition zu, als einer ausschließlich philosophischen Richtung[153]. Er formuliert folgende These in diesem Zusammenhang:

> „Über alle Desillusionierungen hinweg, die das 19. Jahrhundert dieser Tradition [der Tradition der Romantik] bereits zugefügt hat, erfährt sie bei Nietzsche neuerlich eine gewaltsame Steigerung. In diesem Steigerungsakt zwingt Nietzsche auch die inzwischen abgerissenen Gegensätze zwischen dem Degagement des artistischen Autonomiestrebens und dem Engagement des Gesellschaftserneuerers noch einmal zusammen, und daraus erklärt sich wiederum das weitgespannte Spektrum seiner indoktrinierenden Nachwirkungen ins 20. Jahrhundert hinein“[154].

Es scheint beinahe ein letztes Aufbäumen zu sein, wenn Nietzsche noch ein letztes Mal den Dichter und den Philosophen auf einsame Höhen stellt, als auserwählte Individuen, als Genies, wie sie danach nie mehr solche darstellen werden.

Lämmert folgt genau den Argumenten von Schlaffer und kommt ebenso wie dieser zu einem Verlust des Anlasses für den Dichter, der zu einem Verlust des Publikums führt. Dadurch werden der Dichter und Nietzsche gezwungen, sich selber Publikum zu sein und sich selber vorzusingen, wie Nietzsches Zarathustra dies öfters macht. In seiner Interpretation spricht Lämmert sogar von einer bewussten „Kultivierung des Echo-Liedes“ bei Nietzsche, welches sich in der Verwendung des „Du“ in den Gedichten als Selbstansprache manifestiert[155]. Die Dichtung wird dann nur mehr dem Unter-sich-Sein zur Beurteilung überlassen. Dieser Umstand verlangt eine ganz neue Verantwortung, die nicht mehr von der Gesellschaft, sondern vom inneren Ich festgelegt wird. Nietzsche ist somit für das, was er schreibt, sich selbst beurteilende Instanz und sich selbst verantwortlich, was dazu führt, dass der so Auserwählte eigenmächtig Wertmaßstäbe setzen muss, da er sie nicht mehr auf etwas von außerhalb beziehen kann. Und das wollte Nietzsche ja gerade im Hinblick auf seinen Übermenschen. Die Gefahr bei einem solchen Unterfangen scheint klar zu sein und ist auch schon im Abschnitt über die pathologische Einsamkeit in den Vordergrund getreten: Der allein gelassene Dichter oder Philosoph akzeptiert die Möglichkeit der Bewertung seiner Dichtung oder Philosophie von der Gesellschaft, die ihn ja nicht „will“, gar nicht mehr und erliegt unter Umständen dem eigenen Zauber der Phantasie bzw. seiner von ihm konstruierten Bilderwelt, aus der er nicht mehr heraus kann und heraus will. Trotzdem unterscheidet sich Nietzsche von den herkömmlichen Dichtern, da er für seine Distanz in der

---

153 *Vgl.* Lämmert, Eberhard: Ebenda. S. 48.

154 A. a. O. S. 48f.

155 *Vgl.* a. a. O. S. 55.

Höhe keine Entschuldigung gelten lassen will, sondern es als die natürliche Distanz ansieht, die einen Schreibenden von seinem Umfeld abgrenzt[156].

Als Ausnahme zeichnet sich Nietzsche ebenso aus, wo er sein Einsamsein in der Dichtung als einen Zustand ausmalt, der sich in den einsamen Argumenten und Erkenntnissen auszeichnet, die eben nicht allen gemeinsam sind. Hier sieht Lämmert in der dichterischen Beschreibung dieses einsamen Zustandes durch Nietzsche eine Selbstapotheose Nietzsches, indem dieser Wörter verwendet, die sonst nur von Göttern ausgesprochen werden konnten[157]. Gemeint ist bei der Selbstapotheose eigentlich eine Apotheose der eigenen Individualität. Lämmert führt dies aus, indem er erklärt, dass die Verbindlichkeit zu den Worten Nietzsches in seinen Texten und auch seinen Dichtungen einzig darauf beruht, „[...] daß der Drang, sie [die Worte] zu sagen, im Leser oder Hörer Einstimmung in Nietzsches Individualität erzeugen [...]"[158] sollen. Ähnliches werde ich am Beispiel des Zarathustra zu präsentieren haben. Zwei konträre Bereiche spielen dabei eine herausragende Rolle: Wir haben es vordergründig mit der Einsamkeit des schaffenden Individuums zu tun, das sich, wenn schon nicht real, so doch dichterisch verwirklichen kann und zu einer Größe mutiert, welche im realen Leben nicht zu erreichen möglich ist. Nietzsche wurde erst nach seiner geistigen Umnachtung bzw. dann seinem Tod so berühmt und ausgezeichnet, wie er es gerne vorher schon gewesen wäre oder es zumindest in der Dichtung versucht hat zu sein. Diese Einsamkeit des Schaffenden grenzt sich von der Einsamkeit als reinem Zustand ab, indem sie eine neue Perspektive gegen den in seiner Zeit vom Bürgertum für sich in Anspruch genommenen Lebensraum eröffnet.

Auch wenn Nietzsche in dieser Darstellung als ein Vertreter der Romantik erscheinen mag, der den Begriff der Höhe in der Romantik ins Unermessliche getrieben hat, so ist er doch wiederum der größte Feind der Romantik. Gerade was das einsam schaffende Individuum anlangt, schlägt sich Nietzsche immer wieder auf die entgegengesetzte Seite der Romantik. Denn in der Romantik als Zeitepoche sieht Nietzsche vor allem die Realisation der Lebensschwäche und der Lebensverneinung wirken. Diesen Prinzipien, die wir natürlich etwas abgetrennt von den Feststellungen zum Dichtergedicht in der Romantik betrachten müssen, stellt Nietzsche das Dionysische, die Lebensstärke und die Lebensbeja-

---

156 *Vgl.* a. a. O. S. 56ff.

157 *Vgl.* a. a. O. S. 59.

158 A. a. O. S. 66.

hung entgegen[159]. Die Kunst und das schöpferische Element sollen beim einsamen Individuum dionysischer Natur sein. Wo die Kreativität und die Schaffung von Neuem am Werk sind, braucht es Kraft. Um die beiden Höhen – jene Nietzsches und jene der romantischen Dichter – jetzt gegenüberzustellen, muss anerkannt werden, dass es auf jeden Fall einen Unterschied gibt. Er situiert sich im Ausdruck der beiden Individuen auf einsamer Höhe. Das romantische Individuum versucht aus seiner Höhe die Welt vermittels der Dichtung zu erkennen und zu interpretieren; das dionysische Individuum versucht weder durch die Dichtung noch durch die Philosophie die Welt unter sich zu erkennen[160], sondern grundsätzlich eine eigene Welt zu schaffen. Das Neue in der eigenen Welt ist unvergleichbar mit dem Neuen der Romantiker.

Vergleichbar ist mit diesem Dualismus zwischen dionysischer und romantischer Kunst der Dualismus von Schweigen und Verkündigung in der Einsamkeit. Für die Verkündigung hat Nietzsche besonders seine Gedichte gewählt, die sich als Gesang manifestieren. Und genau so wie beim Vergleich mit der Romantik erscheint uns die Einsamkeit bei Nietzsche auf den ersten Blick als ein Zustand des Schweigens. Erst durch das Verständnis vom Schweigen, welches selbst ja nie ein richtiges Schweigen ist, sondern stets ein Unter-sich-Sein verkörpert, verstehen wir, dass Nietzsche in gewissen Momenten die Verkündigung nach außen hin benötigt. Der Gesang als Mittel der Verkündigung ist dann die angemessene Form für die Verkündigung, die, wie im Falle Zarathustras, als ein hymnischer Gesang seinen Weg zu den Menschen sucht. Natürlich ist eine andere Frage, ob diese Art der Verkündigung überhaupt als Verkündigung dienlich sein kann und nicht gerade durch ihren literarischen Charakter ihr Ziel verfehlt. Die Dichtung verlangt im Normalfall sehr stark nach einer interpretativen Herangehensweise, die nicht selten die vom Gedicht vorgegebenen Intentionen verfehlt. Die „Dionysos-Dithyramben" können in diesem Zusammenhang erwähnt werden, da sie sehr schwierig zu interpretieren sind, wenn man sie vom Werk „Also sprach Zarathustra" loslöst, da sich viele Motive dort wiederholen und dieselbe Bedeutung innehaben.

Herbert Röschl, der uns durch die Beschreibung der Motive der Einsamkeit geführt hat, legt einen großen Wert auf die seiner Meinung nach konstant vorkommende Bedeutung von Leben und Tod im Zusammenhang mit der Einsamkeit, die wiederum in Relation zur Liebe

---

159 *Vgl.* Meyer, Theo: Das Problem der Einsamkeit bei Nietzsche. S. 44.

160 Es wurde auch schon gesagt, dass es aus der Höhe, die Nietzsche für seine idealen Gestalten ansetzt, schwierig anmutet, die Welt in ausreichendem Maß zu erkennen.

steht. Seine Interpretation der Gedichte intendiert eine Freilegung der Metaphern der Einsamkeit, die zu einem möglichen Verständnis der Einsamkeit bei Nietzsche führen soll. Als Konklusion für seine Betrachtungen findet er einen Ansatz von Karl Abenheimer interessant, der über die Psychoanalyse den Versuch unternimmt, Nietzsches Einsamkeitsstreben und die Sehnsucht nach der Gesellschaft an einem Vater/Mutter-Bezug festzumachen. Einer anfänglichen Affinität zur Figur des Vaters, der sehr früh gestorben ist und für Nietzsche nur mehr als Ideal in der Vorstellung existiert, weicht mit der Zeit die Identifikation mit der Mutter. In den Gedichten kann man diesen Umstand sehr gut erkennen:

> „Dans le symbolisme poétique, cette aspiration [l'aspiration au monde maternel] deviendra désir passionné à l'adresse d'Ariane: désir d'amour et de communion, désir de la paix du soir et de la fusion dans la mort avec l'Eternité“[161].

Ein ganzes Geflecht an Zusammenhängen in den „Dionysos-Dithyramben“ verdeutlicht diese Vermutung. Sind es doch die letzten Verse, die Nietzsche, schon dem Verstummen nahe, aus alten Notizen abschreibt, bzw. neu dichtet. Es ist dies bekanntlich seine Zeit der großen Vereinsamung, in der er sich in die Geborgenheit bei den Menschen zurücksehnt und doch weiß, dass dies nicht möglich ist.

Bei der Analyse von Gedichten im Bezug auf die Einsamkeit hat sich ebenso Luisa Bonesio hervorgetan, indem sie sehr genau die Stilistik der Gedichte unter die Lupe genommen hat. Auch sie bemerkt, dass Nietzsche in den letzten Jahren seiner geistigen Tätigkeit viel öfter dazu tendiert hat, seine theoretischen Untersuchungen mit der Lyrik zu untermalen. Sie nennt diese Form der Dichtung „[...] una sorta di controcanto lirico intrecciato alle scansioni dell'analisi teorica“[162]. Bei den Motiven der Höhe erkennt sie einen strikten Zusammenhang mit dem von Nietzsche propagierten „hohen Stil“, vermittels welchem das einsame Individuum an seine Aufgabe der Schaffung einer eigenen Welt gehen soll[163]. Bonesio berührt mit ihrer Untersuchung der Motive in der Dichtung den Aspekt des Lebens, den uns Nietzsche vor Augen führen will. Wer das neue Leben in der Höhe ertragen oder ganz einfach leben will, muss nach Nietzsche erst tanzen lernen. Die Begleitung zum Tanz liefert uns Nietzsche in seinen Gedichten, wo er uns die neue Möglichkeit des Lebens als Übermensch vergegenwärtigt. Selbstverständlich bleibt bei dieser neuen Form des Lebens, ausgenommen vielleicht die biologischen

---

161 Röschl zitiert frei nach Abenheimer. *Vgl.* Röschl, Herbert: Ebenda. S. 79.

162 Bonesio, Luisa: Ebenda. S. 243.

163 *Vgl.* a. a. O. S. 250.

Funktionen des Körpers, nichts mehr so, wie es das alte Leben verspricht[164].

Es scheint mir sinnvoll, am Ende des Kapitels über die Einsamkeit als literarisches Phänomen auf zwei Beispiele der Interpretation hinzuweisen, die sich mit Nietzsches Verhalten gegenüber der Romantik beschäftigt haben. Den ersten Fall stellt Adrian Del Caros Untersuchung des Gedichts *Vereinsamt* bzw. *Die Freigeister* (KSA: 11,329f.) dar, von welchem ich im Zusammenhang mit dem negativen Motiv der Krähe gesprochen habe. Über seine Erörterung kommt er zum Resultat der „anti-romantic Irony" in diesem Gedicht. Er glaubt nämlich, dass Nietzsche sowohl der Dichter als auch der Sprecher im Gedicht ist und dadurch entsteht die antiromantische Ironie bzw. die Ambiguität bei Nietzsche:

> "It is precisely this irony, namely that of standing above his work while simultaneously speaking within it, which makes Nietzsche both a romantic in the traditional sense [...] and an anti-romantic, as defined primarily by – Nietzsche"[165].

Sehr schön kommt in diesem Beispiel auch die Verwendung des „Du" im Bezug auf den Heimatlosen als Möglichkeit der Selbstanrede zum Vorschein. Es ist das typische *alter ego*, wie es bei Zarathustra vorkommt, der in einigen Fällen sich selbst mit dem „Du" anspricht und sein eigenes Unter-sich-Sein damit aus der Wiege hebt. Aber nicht nur der in sich schon vorhandene „mono-dialogue", sondern ebenso die *Antwort* des „Du" auf das Gedicht stellt die antiromantische Ironie dar, insofern der Angesprochene im ersten Teil des Gedichts plötzlich die Möglichkeit erhält, auf die Ansprache zu antworten[166].

Etwas anders verhält sich die Interpretation von Claus Zittel, die dieser vom Gedicht *Der Wanderer* (KSA: 11,322f. und gekürzt in KSB: 5,177) angefertigt hat. Zwar haben wir in jenem Gedicht immer noch einen Wechsel von zwei Sprechern – dem Wanderer und dem Vogel –, trotzdem bedeutet dieser Wechsel nicht unbedingt die Abkehr von der Romantik. Vielmehr ist die Abspaltung Nietzsches von der Romantik im

---

164 Bei Bonesio erfahren wir das Leben als Gegenteil zur Kohärenz der Vernunft: „[... L'] ideale di una vita meno casuale, di una superiore saggezza, affonda le sue radici in una dimensione tragica, che ne è l'altra faccia, e che ne costituisce l'impossibilità a pensarsi intatta, compiuta, garantita da cadute". (A. a. O. S. 257).

165 Del Caro, Adrian: Anti-Romantic Irony in the Poetry of Nietzsche. S. 372-378. In: Nietzsche-Studien, Internationales Jahrbuch für die Nietzsche-Forschung. Hrsgg. Ernst Behler/Mazzino Montinari/Wolfgang Müller-Lauter/Wenzel Heinz. Nr. 12. Jg. 1983. - Berlin/New York: Walter de Gruyter. 1982. S. 373.

166 *Vgl.* a. a. O. S. 374.

Inhalt der Dichtung verankert. Wenn der Wanderer den Vogel nach dem Sinn seines Liedes fragt, gibt ihm dieser zur Antwort, dass das Lied nicht für den Wanderer bestimmt noch verständlich ist[167]. Zittel liest aus der Vogelrede eine doppelte Loslösung Nietzsches von der Romantik heraus. Die erste Loslösung ist eine Abgrenzung von Wagner und der Kunst im Allgemeinen als Erlöserin. Die zweite Loslösung besteht im Verlassen der Sicherheiten, die eine bürgerliche Existenz bieten kann[168]. Meiner Meinung nach ist der letztere Punkt doch wieder eine Rückkehr zum romantischen Dichter, der auch das bürgerliche bzw. gesellschaftliche Terrain verlassen hat. In dieser kurzen Beschreibung der Einsamkeit als literarisches Phänomen bei Nietzsche macht sich eine Gratwanderung Nietzsches bemerkbar, die diesen auf der Scheide zwischen dem Befürworter und dem Gegner der Romantik „klettern" lässt. Er kann mit seinem Höhenmotiv als Vertreter der romantischen Tradition aufgefasst werden, er kann aber im selben Moment auch als deren ärgster Feind begriffen werden.

Im Gedicht, welches Zittel interpretiert hat, erwähnt Nietzsche das Nachtlied, welches der Vogel anstimmen will, wenn der Wanderer sich bemerkbar macht:

> Und klingt Dein Schritt von fern nur an,
> Heb' ich mein Nachtlied wieder an,
>
> (KSB: 5,177)

Stefan George schreibt in seinem Gedicht *Nietzsche* wahrscheinlich als Anspielung auf Nietzsches geistige Umnachtung zur Nacht:

---

167 [...]
- ‚Ach Vogel, was hast Du gemacht?
Was hemmst Du meinen Sinn und Fuß [...]
Zu deuten Deinen Ton und Gruß?'

Der gute Vogel schweigt und spricht:
‚Nein, Wandrer, nein! *Dich* grüß ich nicht
Mit *dem* Getön!
Ich singe, weil die Nacht so schön:
Doch *Du* sollst immer weiter gehn
Und nimmermehr mein Lied verstehn! [...]

(KSB: 5,177).

168 *Vgl.* Zittel, Claus: Ebenda. S. 205.

Und ging aus langer nacht zu längsten nacht

Stefan George: *Nietzsche*[169]

Ich will nun auch weitergehen und zwar in die Nacht Zarathustras, wo das Nachtlied als Ausdruck der Einsamkeit vorkommt. Mit Zarathustra als dem Höhepunkt der verschiedenen Formen der Einsamkeit besteht jedoch die Hoffnung, dass wir aus dieser Nacht wieder herausfinden, wie Zarathustra, der sich selber wie eine Sonne leuchtet und damit die Nacht vertreibt.

169 George, Stefan: Ebenda. S. 12.

6 Die „Philosophie" der Einsamkeit bei Zarathustra

Um einen Übergang von der Literatur zu Philosophie zu schaffen, dafür kann an dieser Stelle eine Nennung des „Also sprach Zarathustra" in einem Buch zur Literaturpsychologie hilfreich sein. In seiner literaturpsychologischen Betrachtung der Einsamkeit im Hinblick auf die Weltliteratur nimmt Georg Dietrich das Werk „Also sprach Zarathustra" von Nietzsche auf. Er ordnet es unter die Form der aktiven Herbeiführung von Einsamkeit durch die literarische Person ein und zählt Zarathustra zu jenen literarischen Figuren, die die Einsamkeit benötigen[170]. Zarathustra ist sicher jemand, der die Einsamkeit benötigt, aber die Zustände der Einsamkeit sind viel unterschiedlicher, als man dies annehmen würde. Ich verwende den Plural von „Zustand", da es sich meiner Meinung nach um mehrere Formen der Einsamkeit bei Zarathustra handelt. Regelmäßig wird für Nietzsches Zarathustra der Status eines Hauptwerkes von der Nietzscheforschung konstatiert. Meist wird „Also sprach Zarathustra" als ein Werk beschrieben, nach welchem Nietzsche nicht mehr so schreiben konnte wie zuvor. Im Zarathustra kommen nämlich die „großen" Gedanken Nietzsches wie z. B. der Gedanke der ewigen Wiederkunft oder der Gedanke des Übermenschen vor. Nicht zuletzt steht die Einsamkeit damit in Beziehung und man kann durchaus zugestehen, dass Zarathustra den Höhepunkt in Nietzsches Einsamkeitsbetrachtungen darstellt.

Wir müssen uns dem Werk „Also sprach Zarathustra" nähern, indem wir uns eingestehen, dass beinahe sämtliche Aspekte der Einsamkeit, die bis zu diesem Kapitel behandelt wurden, bei Zarathustra aufgegriffen bzw. neu eingeführt werden. Allein die im Kapitel über den Begriff der Einsamkeit bei Nietzsche angeführten Vorarbeiten zum dritten Teil des Zarathustras zeigen, wie bewusst Nietzsche die Einsamkeit in dieses Werk integrieren wollte. Falls man bei der Einsamkeit wirklich von einer begrifflichen Fassung bei Nietzsche sprechen kann, so konkretisiert sich dies vor allem im „Also sprach Zarathustra". Ich habe auch schon eine Vielzahl von Zitaten aus dem Zarathustra angeführt, die, sei es mit den Metaphern der Einsamkeit, sei es mit den Bewegungen der Einsamkeit oder aber zur Abgrenzung von anderen Begriffen, von Nietzsche verwendet wurden, was nicht willkürlich geschah, sondern darum, die Evidenz der Einsamkeit bei Zarathustra aufzuzeigen und auf dieses Kapitel zuzuspitzen. Hier muss nämlich auf die Einsamkeitsmanifestationen im strikten Bezug zur Philosophie eingegangen werden. Der

170 Dietrich, Georg: Der einsame Mensch in der Dichtung. Literaturpsychologie der Einsamkeit und der Einsamkeitsbewältigung. - Regensburg: S. Roderer Verlag. 1989. S. 73.

Titel des Kapitels lautet „Die `Philosophie' der Einsamkeit bei Zarathustra", wobei „Philosophie" unter Anführungszeichen gesetzt ist, weil es sich nicht um eine Philosophie im strengen Sinn handelt, sondern eher um eine lebensphilosophische Untersuchung, die der Entwicklung von Zarathustra verschiedene Vorschläge zum Thema der Einsamkeit gibt, bzw. diese ständig zu Brennpunkten kulminieren lässt. In diesem Sinne bietet also Zarathustra keine Philosophie der Einsamkeit an, wie sie etwa Friedrich Parpert in seiner „Philosophie der Einsamkeit" versteht. Wie schaut nun aber diese Entwicklung der Einsamkeit beim Zarathustra aus?

6.1 Die Entwicklung der Einsamkeit bei Zarathustra

Die Entwicklung Zarathustras ist in einem ersten Schritt als eine dauernde Hin- und Herbewegung zwischen der Einsamkeit und dem Leben in Gesellschaft von Menschen festzulegen. So beginnt das Werk mit *Zarathustra's Vorrede,* in welcher Zarathustra als jemand beschrieben wird, der seine Heimat im Alter von dreißig Jahren verließ, um für zehn Jahre in der Einsamkeit leben zu können (*vgl.* Za I: 4,11). Nach diesen zehn Jahren – und hier beginnt Zarathustras Entwicklung – kehrt er zurück zu den Menschen. Was wir noch nicht wissen ist, dass sich inzwischen Zarathustras Bewusstsein von Heimat geändert hat: Für Zarathustra ist die alte Heimat, aus der er sich im dreißigsten Lebensjahr davongemacht hat, nicht mehr seine richtige Heimat. Die wirkliche Heimat ist für ihn die Einsamkeit geworden. Im dritten Teil, wo er endlich wieder zu seiner Höhle und zu seinen Tieren zurückkehrt, spricht Zarathustra von der Einsamkeit als seiner Heimat: „Oh Einsamkeit! Du meine *Heimat* Einsamkeit!" (Za III: 4,231). In der Zeit dazwischen äußerst sich bei Zarathustra eine stete Reflexion in Bezug auf die Möglichkeit des Lebens unter Menschen und des Lebens mit sich allein.

In dieser Reflexion zeigt sich die Ambiguität der Einsamkeit ebenso in der horizontalen Bewegung, wie ich sie schon beschrieben habe. Denn in der Einsamkeit liegt das positive Potenzial eng neben dem negativen Potenzial. Als Beispiel für die positive Einsamkeit kann die erwähnte Heimat Einsamkeit dienen oder die Freude Zarathustras an seinem Alleinsein – einem Alleinsein in der Natur (*vgl.* z. B. Za III: 4,203). Gegen diesen Zustand opponieren die Gefahr der Vereinsamung und die Verzweiflung an der Einsamkeit. Im vierten Teil des Zarathustra wird diese folgendermaßen beschrieben: „[... E]r fühlte sich einsam: es gieng ihm nämlich vieles Kalte und Einsame durch die Sinne, also, dass darob auch seine Glieder kälter wurden. [...] Als er aber um sich spähete und nach den Tröstern seiner Einsamkeit suchte: siehe, da waren es Kühe [...]". (Za IV: 4,333). Die Kühe trösten Zarathustra in seiner Einsamkeit, was sich als schwacher Trost erweist. Ein bisschen klingt immer wieder das Element der funktionalen Einsamkeit durch, wenn Zarathustra sich auferlegt, in die Einsamkeit zu gehen. Diese funktionale Einsamkeit verschiebt sich schließlich meistens zu einer negativen Einsamkeit, die Zarathustra nur schwer ertragen kann. Immer wieder kehrt er deshalb aus der Einsamkeit/Vereinsamung zurück in den Schoß der Gesellschaft oder zumindest in die Gemeinschaft mit einzelnen Vertretern der Gesellschaft.

Auf dem Wendepunkt von der Einsamkeit zur Vereinsamung befindet sich das schöpferische Individuum, das in beide Richtungen gezogen wird und doch an Ort und Stelle verweilen muss. Zarathustra nennt dies den Weg des Schaffenden, der in die Höhe und damit in die absolute Einsamkeit führt. Es ist ein stachliger und beschwerlicher Weg, in welchem der Schaffende immer wieder dazu verleitet wird, einen Schritt zurück zu machen: „Aber einst wird dich die Einsamkeit müde machen, einst wird dein Stolz sich krümmen und dein Muth knirschen. Schreien wirst du einst ‚ich bin allein!' [...] Es giebt Gefühle, die den Einsamen tödten wollen [...]". (Za I: 4,81). Uns sind diese der Einsamkeit unzuträglichen Gefühle schon bekannt: Darunter fallen die Gesellschaft, die Freundschaft oder die Liebesbeziehung. Zarathustra durchdenkt im ersten Teil von Nietzsches Werk jeden dieser Aspekte und ist doch davon überzeugt, dass er zurück in die Einsamkeit muss, welche eine Einsamkeit mit seinen Tieren – dem Adler und der Schlange – ist. Die Tiere hat Martin Heidegger gerade als im Zusammenhang mit der einsamsten Einsamkeit stehende Symbole für den Gedanken der ewigen Wiederkunft gekennzeichnet. In der einsamsten Einsamkeit muss sich das Individuum befinden, wenn dieser Gedanke es durchlaufen soll.

Neben der Verortung der Einsamkeit, die sich hauptsächlich in einer Höhle Zarathustras im Gebirge abspielt, kommen noch andere wichtige Orte der Einsamkeit vor: der Himmel, das Meer, der See und die Wüste. Alle die angeführten Orte durchlaufen die Bedeutungsspanne der Einsamkeit, wie ich sie in den Metaphern der Einsamkeit angedeutet habe. Der Himmel ist eine azurne Glocke und ewige Sicherheit (*vgl.* Za III: 4,209) und zugleich im Winter der Ausdruck für das Schweigen bzw. das Verschweigen (*vgl.* Za III: 4,219). Das Meer ist vorwiegend ein Ort der positiven Einsamkeit ebenso wie der See. Die Wüste ist eher negativ konnotiert. Die Wüste spielt insofern eine Rolle, als sie im Zuge der Verwandlung von Zarathustra auftaucht. Zarathustra erwähnt die drei Verwandlungen ganz zu Beginn der *Reden Zarathustra's*: Der Geist soll zum Kamel werden, das Kamel zum Löwen und der Löwe zum Kind. Diese Verwandlung beginnt mit dem „Wüstenschiff" – dem Kamel – in der Wüste, wo der Geist Kamel und das Kamel zum Löwen wird. Der Löwe lebt als Raubtier auch noch an den Rändern der Wüste. Erst die

Metamorphose zum Kind erlöst Zarathustra vom Wüstendasein[171]. Die Überwindung des jeweils vorhandenen Zustandes ist meiner Ansicht nach auch die Darstellung der progressiven Steigerung der Einsamkeit von einer Vereinsamung bzw. funktionalen Einsamkeit in die absolute positive Einsamkeit.

Die Abgrenzung und die Verortung der Einsamkeit werden als Teilaspekte der Einsamkeit um die Einsamkeiten von verschiedenen anderen Individuen im Werk „Also sprach Zarathustra" ergänzt. Beinahe jedes Individuum, mit dem Zarathustra spricht, lebt in einer gesonderten Art der Einsamkeit. Ich habe dabei von den einzelnen Typen der Einsamkeit gesprochen. Der Einsiedler, der Jüngling, der bleiche Verbrecher, der hässliche Mensch – alle diese Charaktere leben unterschiedliche Typen der Einsamkeit, die Zarathustras besondere Form der Einsamkeit mit kontrastieren helfen. Jede dieser einzelnen Figuren hat einen Beweggrund, in die Einsamkeit zu gehen. Keiner aber stimmt mit der Einsamkeit Zarathustras als Vorbereitung auf den Übermensch überein, sondern verbirgt sich vor der Gesellschaft aus eigenen Gründen, meist aber auch, weil ihn die Gesellschaft nicht mehr akzeptieren kann, wie im Fall des bleichen Verbrechers und des hässlichen Menschen. Im Fall des Einsiedlers geht es um eine Einsamkeit, die nicht die Gesellschaft verachtet, dafür aber dieser eine Gesellschaft mit Gott vorzieht. Zarathustra als „Gottesmörder" kann eine solche Einsamkeit nicht tolerieren. Wo aber positioniert sich dann Zarathustra mit seiner Einsamkeit?

Mir scheint es sinnvoll ob der Wichtigkeit vom Werk „Also sprach Zarathustra" in diesem nach dieser allgemeinen Umschreibung der Einsamkeit zusammen mit den einzelnen Interpreten zur Thematik Schritt für Schritt der Einsamkeit zu folgen. Dabei gibt es einerseits die Darstellungen von John Kevin Earls und Manfred Rauh, die jeweils die ersten drei Teile bzw. den vierten Teil des Werkes auf die Einsamkeit hin besprechen und Herbert Röschl sowie Ofelia Schutte, welche eine übergreifende Interpretation vorgelegt haben. Ebenso versuchen Achim Geisenhanslüke und Beatrix Himmelmann eine übergreifende Interpretation der Einsamkeit im Zarathustra zu präsentieren. Folgen wir vorerst jetzt

---

171 Sehr präzise hat John Kevin Earls diese Bewegung beschrieben und sie in den Kontext der Einsamkeit gestellt. Er schreibt: „[... W]e could say that in order for spirit to become the child, it is necessary for spirit to bear up under the burden of the world (the camel), then to battle with that world and become ‚lost' to it in one's solitude (the lion), and then, finally, to become free for one's own world, to become the child who conquers ‚his own world'". In: Earls, Kevin John: A commentary on Nietzsche's Zarathustra. A Dissertation presented to the Graduate School of Duquesne University. - Pittsburgh: 1974. S. 81.

der sehr umfangreichen Darstellung der Einsamkeit bei Nietzsche von Earls. Der wesentliche Aspekt für Earls ist die Bedeutung der Einsamkeit im Zarathustra in Relation zum „Werde was Du bist!" bei Nietzsche[172]. Eine erste Bedeutung oder, besser gesagt, Nicht-Bedeutung der Einsamkeit ist die Erkenntnis über die Einsamkeit als einer reinigenden Kondition. Wir wissen, dass Zarathustra aus einer zehnjährigen Zeit der Einsamkeit zurück zu den Menschen kommt. Dieser Zeitabschnitt ist sicherlich als eine Zeit der Läuterung und der Reinigung zu verstehen. Weshalb aber eine Kondition der Reinigung? Eine Reinigung von was? Es ist die Kondition der Reinigung von den gefährlichen Gedanken wie jenem der Freundschaft oder der Gesellschaft. Insgesamt ist die Einsamkeit eine Station der Reinigung zur Überwindung der angeführten Gedanken und somit der Weg zum Übermensch[173]. In dieser Reinigung manifestiert sich für Zarathustra die Erkenntnis, dass er vorerst die Einsamkeit nicht mehr braucht und zu den Menschen zurückkehren kann, was noch in der Vorrede des Zarathustra geschieht.

In einem nächsten Moment versteht Zarathustra durch den Tod des Seiltänzers, welcher ebenso das Symbol für den Tod Gottes ist, dass die Einsamkeit (jetzt aber ohne Gott) bedeutet, dass man sich öffnen soll für den Tod Gottes und zu sich selber finden muss. Die Einsamkeit ist irgendwo ein Resultat des Todes Gottes. Earls empfiehlt, die Einsamkeit nun nicht mehr als einen mentalen Zustand zu verstehen, sondern als einen physischen, der sehr eng mit der von Zarathustra durchs ganze Werk hindurch thematisierten Körper/Seele - Problematik zusammenhängt. Der Körper muss einsam von der Masse sich entfalten können und die Einsamkeit nicht nur in den Sphären des Geistes und der Seele vorhanden sein[174]. In der Einsamkeit kann nach Meinung Earls' das tragische Element des Lebens oder die Tragik allgemein durch das immer wieder auftauchende Element des Lachens bei Zarathustra, welches am Ende des vierten Teils im lachenden Löwen gipfelt (*vgl.* Za IV: 4,406), überwunden werden. Zu dieser Überwindung gesellt sich die Überwindung des Geistes der Schwere[175]. In diesem Fall erkennen wir sehr gut das Element der Heiterkeit bei Nietzsche wieder, welches dieser der azurnen Einsamkeit als konstitutives Merkmal an die Seite stellt. In der Heiterkeit überwindet das Individuum die Negativität der Einsamkeit,

172 *Vgl.* a. a. O. S. 16.

173 *Vgl.* a. a. O. S. 48.

174 *Vgl.* a. a. O. S. 69 und 151.

175 *Vgl.* a. a. O. S. 115f.

wobei dies nicht immer gelingen will und die Einsamkeit zu einer Hölle wird[176].

Die Einsamkeit wird abgesehen von der Hölle zu einem Gefängnis, wenn man sich nicht ausreichend selbst liebt (*vgl.* Za I: 4,78). Wenn ich die Gefängnis-Metapher von Nietzsche aufgreife, die Earls ebenso in seine Untersuchung integriert, so scheint mir diese für die Beschreibung der Einsamkeit von Zarathustra gerade passend zu sein. Denn in Analogie zur Einsamkeit besteht beim Gefängnis eine zweifache Funktion der Gefängnismauern: Einerseits schützen die Gefängnismauern den Insassen vor der Außenwelt, wo er durch seine Straftat keine Existenzmöglichkeit mehr bekommen würde, während andererseits in Wechselwirkung dazu die Gefängnismauern die Außenwelt vor einer Wiederholung einer Straftat durch den Inhaftierten schützen. Ähnlich erscheint die Einsamkeit für Zarathustra zu wirken: Zarathustra schützt sich vor der Gesellschaft durch die Einsamkeit, während diese sich von den Gedanken des übersteigerten Individuums durch Zarathustras Einsamkeit erwehrt. Der Auserwählte im Sinne Nietzsches ist klarerweise ein bedrohlicher Faktor für die Masse. Die Unterscheidung von Gefängnis und Einsamkeit liegt in der Frage nach der Entscheidung des Individuums. Ersterer Zustand ist nicht als ein selbst gewählter Zustand zu verstehen, während letzterer Zustand frei wählbar ist. Oder doch nicht? Earls bringt gerade hier den Gedanken des *amor fati* ein, der nach Earls als eine Liebe zu jeglichem Zustand, in den man verschlagen wird, zu verstehen ist[177]. Earls exemplifiziert den Umstand anhand der Nächstenliebe bei Zarathustra, die als negativer Wert angedeutet ist. Wichtig ist, „[... that] we need to love our own solitude; we need to turn our prison of solitude into our home“[178]. Die Einsamkeit muss zur Heimat werden. Trotzdem bleibt die Einsamkeit vorerst ein doppelschneidiges Schwert: Ohne Einsamkeit wird man nicht, was man ist, während man sich mit der Einsamkeit nach der Gesellschaft sehnt[179].

Im zweiten Teil von Zarathustra ändert sich einiges. Earls nennt diesen Teil „the song of solitude“. Die Einsamkeit beginnt sich nun als vermittelndes Zentrum zwischen dem Tod Gottes und der Geburt des Übermenschen zu entwickeln. Dies ist für Zarathustra eine neue Form der Einsamkeit[180]. Hier kommt der Wille zur Macht ins Spiel. Denn wie die ewige Wiederkunft ist der Wille zur Macht ein Gedanke, den das

---

176 *Vgl.* a. a. O. S. 166.

177 *Vgl.* a. a. O. S. 164.

178 A. a. O. S. 159.

179 *Vgl.* a. a. O. S. 177.

180 *Vgl.* a. a. O. 214.

Individuum in der Einsamkeit durchlaufen muss. Für den Interpreten scheint klar zu sein, dass es zu einer Überschneidung von diesem Willen mit der Einsamkeit kommt, was sogar zu einer Verschmelzung führt[181]. Um aber zu werden, was man ist, ist man gezwungen, sich selbst kennenzulernen und man muss dafür in die Einsamkeit. In die Einsamkeit muss man auch, um das Schweigen und das Zuhören zu lernen oder aber, um durch den Antrieb des Ekels vor der überkommenen Moral und den Göttern der Masse zu fliehen[182]. Zarathustra ist dabei in einen steten Kampf verwickelt, wo er sowohl jemanden finden möchte, der ihn liebt, als auch einen Weg aus der Einsamkeit sucht, der ihn von dieser wegführt. Er scheint einen solchen Weg immer wieder zu finden, es stellen sich aber für gewöhnlich Gründe dazwischen, die verhindern, dass Zarathustra seine Einsamkeit verlässt. Earls führt einen dieser Gründe an, wenn er schreibt: „In solitude, one experiences spirit as life [...]“[183]. Nun singt sich Zarathustra drei Lieder vor: *das Nachtlied, das Tanzlied* und *das Grablied*. Durch die Lieder versucht Zarathustra seine Einsamkeit erträglicher zu gestalten; bei den Liedern setzt aber auch eine Verwandlung von Zarathustra ein, während das Selbstgespräch mehr und mehr zunimmt.

Earls sieht im Abschnitt über den *Wahrsager* im Traum, den Zarathustra seinen Jüngern erzählt, einen Traum der Einsamkeit. Das Lied der Einsamkeit wird also zum Traum der Einsamkeit und bietet für den Interpreten die Möglichkeit einer kurzen Reflexion zur englischen Unterscheidung von „loneliness“ und „solitude“. Ersterer Begriff ist wertneutral, während letzterer eher pejorativ verwendet wird und die Verlassenheit und die Öde meinen kann. Walter Kaufmann, einer der Übersetzer des Zarathustra ins Englische, hat die beiden Termini jeweils dem Kontext entsprechend übersetzt[184]. Der gewandelte Zarathustra definiert den Wert der Einsamkeit wiederum in neuer Art und Weise. Die Einsamkeit wird zur Kondition der Überwindung im Gegensatz zur Vergangenheit, wo sie nur der Reinigung diente. Zarathustra hört nun den Ruf der Einsamkeit[185]. Earls weist auf die Notwendigkeit der Einsamkeit für den gewandelten Zarathustra hin, der nicht mehr die Möglichkeit der Wahl der Einsamkeit hat, sondern in seinem neuen Zustand zur Einsamkeit genötigt wird. Höchstwahrscheinlich ist diese Vermutung so zu erklären,

---

181 Earls formuliert die Erklärung dazu folgendermaßen: „And so it seemed then that Zarathustra's solitude was his will, had become his will; that his saving ground, that his savior, was will“. In: a. a. O. S. 330.

182 *Vgl.* a. a. O. 242.

183 A. a. O. S. 252.

184 *Vgl.* a. a. O. 304f.

185 *Vgl.* a. a. O. S. 316f.

dass Zarathustra durch seine Andersheit jetzt nicht mehr zu seinem Umfeld gehören kann. In seiner Untersuchung ordnet Earls die ersten drei Teile des Zarathustra den drei Zeitabschnitten Vergangenheit, Zukunft und Gegenwart zu und spricht vermittels Metaphern von den drei Liedern der Einsamkeit, was sehr gut in Beziehung zum Gesang als Kommunikation der Einsamkeit bei Nietzsche/Zarathustra passt:

> „If the second part of Zarathustra's journey sang the song of the solitude of the future, if the first part sang the song of the solitude of the past, then the third part – What will the third part sing of? The song of solitude of the present ... and of eternity"[186].

Diese Aussage zielt auf den Versuch der Schaffung einer Basis ab, von welcher aus Zarathustra Einsamkeit und In-der-Welt-Sein vereinen kann. Die Zeit, in der die Vereinigung stattfinden soll, ist der Augenblick.

Im dritten Teil des „Also sprach Zarathustra", den wir auch schon aus den Konzepten Nietzsches dazu im Kapitel über den Begriff der Einsamkeit kennengelernt haben, zeigt Zarathustra, dass die zuvor erwähnte Basis im eigenen Selbst schon verankert ist und doch auch in der Zeit fußt. Die dazu notwendige Selbsterfahrung erlangt man ausschließlich als Wanderer der Einsamkeit[187]. Zur Erinnerung: Der Wanderer ist jenes Motiv bei Nietzsche, welches eine Figur symbolisiert, die verschiedene Orte der Einsamkeit betreten kann, sie aber auch wieder ohne Probleme verlässt. Der Wanderer ist gemäß Nietzsche der Philosoph. Als Wanderer ist Zarathustra nach eigenen Aussagen alle Denkwege seiner Vorgänger schon abgegangen, bis er zu einem Punkt gelangte, wo kein Weg mehr weiter geht. Vielmehr offenbart sich Zarathustra in seiner einsamen Wanderung plötzlich der Abgrund bzw. das Wandern ohne festen Untergrund[188]. An diesem Punkt angelangt muss Zarathustra etwas lernen, was er vorher nicht in Erwägung gezogen hat: das Fliegen. Es taucht in diesem Zusammenhang auch wieder die Verbindung von Einsamkeit und Liebe in der schon bekannten Form auf, wie sie die Interpreten von der pathologischen Einsamkeit verstanden haben: Zuerst muss man sich selber lieben, dann kann man auch andere Menschen lieben – wer andere liebt, wird folglich auch von Gott geliebt. Zarathustra ist nur mit dem ersten Teil der Behauptung einverstanden und er ist der Meinung, dass Liebe in der Einsamkeit beginnen muss[189]. An diese Stelle schließt eine mögliche Lösung der Ambiguität von Einsamkeit und

---

186 A. a. O. S. 338.

187 *Vgl.* a. a. O. S. 346.

188 *Vgl.* a. a. O. S. 359 und 381.

189 *Vgl.* a. a. O. S. 422.

In-der-Welt-Sein an: Die Überwindung dieser Ambiguität besteht nach Earls im von Zarathustra gedachten Gedanken der ewigen Wiederkunft, der bei unserer Thematik in einer permanenten Hin- und Herbewegung zwischen der Einsamkeit und dem In-der-Welt-Sein bestehen muss. Indem Zarathustra merkt, dass er niemals wirklich das werden kann, was er ist, wird er im Gang durch die Einsamkeit zu dem, was er ist[190].

Die Aufgabe der Einsamkeit bleibt nach wie vor die Reinigung, obgleich sie jetzt einen Zustand verkörpert, in dem das Individuum hart wird: hart gegenüber sich selbst und hart in Bezug auf die ihn umgebende Gesellschaft[191]. Die Einsamkeit wird zum Zustand, in welchem Zarathustra seine eigenen Möglichkeiten erkennt und ausloten kann. Zarathustra stellt sich im selben Moment über seine Einsamkeit und wird deren Herr. Er wird zum „master of solitude"[192]. Dies ist zu verstehen im Sinne vom Konzept der Einsamkeit zum dritten Teil des Zarathustra, wo Nietzsche nach den sieben Punkten ergänzend dazu schreibt, dass jede dieser Einsamkeiten von Zarathustra überwunden werden muss bis zur letzten bzw. der siebenten Einsamkeit. Überwindet er auch die letzte Einsamkeit, dann ist er nicht nur Herr über sich und seine von ihm geschaffene Welt, sondern auch Herr über den Zustand der Einsamkeit. Indem Zarathustra Herr über die Einsamkeit wird und Herr in der Einsamkeit ist, entdeckt er eine neue Form des Sprechens, nämlich jene des Gesangs. Zu diesem Zweck benötigt er seine Einsamkeit. Diese Einsamkeit stellt sich am Ende des dritten Teils als eine Einsamkeit heraus, die in der Welt verwurzelt ist, so wie es die Gesänge Zarathustras sind, die wir lesen können. Bevor ich die Konklusion von Earls anführe, die im nächsten Abschnitt zusammen mit den anderen übergreifenden Interpretationen zur Einsamkeit vorgestellt werden muss, will ich noch den vierten Teil des Zarathustra besprechen, den besagter Interpret aber nicht mehr kommentiert hat. An seiner Stelle nehme ich die Erörterung von Manfred Rauh.

Rauh spricht von der Einsamkeit im Zusammenhang mit dem vierten Teil des Zarathustra, ohne diese explizit zu nennen. Er stellt fünf Grundgedanken in den Vordergrund: den Willen zur Macht, die ewige Wiederkunft, den großen Mittag, den Übermenschen und *amor fati*[193]. Sie

---

190 *Vgl.* a. a. O. S. 436.

191 *Vgl.* a. a. O. S. 440 und 452.

192 A. a. O. S. 471.

193 Rauh, Manfred: Die Einsamkeit Zarathustras. Eine Untersuchung des 4. Teiles von Friedrich Nietzsches „Also sprach Zarathustra". S. 55-72. In: Zeitschrift für Religions- und Geistesgeschichte. Hrsgg. Benz, E. und Schoeps, H. J. Band 21. - Köln: E. J. Brill-Verlag. 1969. S. 56.

sind für ihn das Leitmotiv, welches im vierten Teil des Zarathustra noch ein letztes Mal anklingt. Der Interpret erklärt, dass diese Gedanken bei Nietzsche immer gemeinsam auftreten, doch Zarathustra hat am Ende des dritten Teiles noch nicht sein Ziel erreicht, da er zu jenem Zeitpunkt zwar seinen Untergang beendet, nicht aber schon die Lehre von der ewigen Wiederkunft den Menschen verkündet hat[194]. Rauh entdeckt bei Zarathustra im vierten Teil die plötzliche Änderung des Stils, der in einen streckenweise sehr ironischen Grundton übergeht. Im vierten Teil redet Zarathustra nicht mehr vorwiegend selber: Das übernimmt ein Erzähler, welcher Zarathustra und dessen Feier mit den letzten Menschen beschreibt. Die Feier ist auch der Grund, warum der vierte Teil nicht mehr unbedingt in die Einsamkeitsbetrachtungen von den Interpreten einbezogen wurde. Trotzdem ist das Element der Einsamkeit immer noch vorhanden und äußert sich besonders in der Distanz Zarathustras zu den Vertretern der letzten Menschen.

Als Grundmotiv erkennt Rauh im vierten Teil den Tagesrhythmus. Dieser beginnt mit den Abschnitten über den Vormittag, geht über zum Mittag und endet im Nachmittag bzw. in der Nacht. Für Rauh überwiegt im Zusammenhang mit dem Grundmotiv folgendes Motto im vierten Teil: Er ist der Meinung, dass „Zarathustra an seiner Einsamkeit und seiner nur ihm vorbehaltenen höchsten Weisheit kein Genügen findet, sondern daß er sein Wissen mitteilen möchte"[195]. Interessant ist, dass die letzten oder höheren Menschen, die als Zuhörer für seine Mitteilungen dienen, nach Meinung Rauhs Maskenträger sind, die, jeder auf seine Art, Züge von Nietzsche und Zarathustra tragen. Man könnte einerseits diesen Umstand als eine Aufspaltung Zarathustras in alle seine Teilnehmer des Unter-sich-Seins auffassen, wobei andererseits die Figuren Zarathustras Aussagen auch konterkarieren. Für den Interpreten Rauh steht das genannte Faktum in Beziehung mit der Verschiebung von den ersten drei Teilen des Werkes „Also sprach Zarathustra" als Teilen, in denen eine Verkündigung stattfindet, zum vierten Teil, in welchem über die Verkündigung reflektiert wird[196]. Dadurch legitimiert sich der neue bisweilen ironische Stil im vierten Teil. Dem Interpreten Rauh bedeutet es viel, den subjektiven und damit einsamen Aspekt der Lehre Zarathustras hervorzukehren. In seiner Subjektivität kann Zarathustra die Gegensätze von Einsamkeit und In-der-Welt-Sein vereinen, was dazu ausgebaut wird, eine Vereinigung von Glück und Schmerz zu sein. Denn das Leid ist für Zarathustra gleich notwendig wie das Glück. Rauh geht noch weiter: Zarathustra verkündet für ihn vordergründig die ewige Wieder-

194 *Vgl.* a. a. O. S. 59.

195 A. a. O. S. 63.

196 *Vgl.* a. a. O. S. 68.

kunft mit allen großen Gedanken; hintergründig muss Zarathustra als Wesen mit diesen Gedanken identifiziert werden[197]. Durch sein Leben in der Einsamkeit kann Zarathustra im Verbund mit der Verkündigung noch besser die großen Gedanken Nietzsches darstellen und sie dadurch deutlicher machen.

Der vierte Teil endet mit dem Erscheinen des Zeichens für die letzte Überwindung – die Überwindung des Löwen zum Kind. Zarathustra erlebt dieses letzte und höchste Ereignis wieder alleine mit sich. Er ist dabei nicht ganz allein, insofern ja der lachende Löwe und ein Schwarm von Tauben mit ihm sind. „Zarathustra selber aber, betäubt und fremd, erhob sich von seinem Sitze, sah um sich, stand staunend da, fragte sein Herz, besann sich und war allein". (Za IV: 4,407). Somit schließt die Entwicklung Zarathustras, die in einer zehnjährigen Einsamkeit begonnen hat und mit dem Alleinsein am Schluss seiner Verwandlungen abbricht. Was nun noch fehlt, sind eine Reihe von Interpretationen, die übergreifend die „philosophische" Dimension der Einsamkeit bei Nietzsches Zarathustra erfasst haben. Im nächsten Abschnitt ist davon die Rede.

6.2 Übergreifende Interpretationen der Einsamkeit von Zarathustra

In der übergreifenden Interpretation der Einsamkeit bei Zarathustra muss an erster Stelle Earls Untersuchung zur Frage: „Was ist Einsamkeit?" erwähnt werden. Dieser Interpret gelangt in der Beantwortung der Frage zu zwei wesentlichen Unterscheidungen: Zarathustras Einsamkeit ist die Situation, in der man sich befindet, wenn Gott tot ist; die Einsamkeit ist im selben Moment die Manifestation der eigenen Abgrenzung von der Tradition, von anderen Menschen und vom In-der-Welt-Sein[198]. Earls unterscheidet die beiden möglichen Ursachen der Einsamkeit, indem er zweierlei in der Einsamkeit sieht: „[...] the necessity to flee *from* [... and] the possibility to flee *for* [...]"[199]. Das etwas kryptische Zitat wird klarer, wenn man versteht, dass es sich bei der Flucht in die Einsamkeit um die Flucht *vor* dem Ekel an den Menschen und der Masse im Zusammenhang mit der Flucht *für* die Erlangung einer höheren Individualität und Freiheit handelt. Bei dieser Fluchtbewegung spielt die Zeit, sei es die Vergangenheit als auch die Zukunft, die Rolle des ruhenden Punktes. Zarathustras Einsamkeit beinhaltet beide Zeitaspekte. Sie werden im Gedanken der ewigen Wiederkunft in der einsamsten Einsamkeit zu einem Moment im Zeitfluss vereint.

---

197 *Vgl.* a. a. O. S. 72.

198 Earls, Kevin John: Ebenda. S. 541f.

199 A. a. O.

Für Earls ist klar, dass die Einsamkeit Zarathustras viel mehr bedeutet, als die herkömmliche Bedeutungspalette umfassen kann. Für ihn ist die Einsamkeit ein Element im Zentrum einer Lebensphilosophie. Er beschreibt diese sehr aufschlussreich vermittels der Identifikation der Einsamkeit mit den Begriffen „Leben" und „Sein":

> „In the end, solitude has shown itself as one of two points or *foci* which together help to circumscribe the locus of meaning we call ‚life' or ‚being'. The other foci is being in the world"[200].

Die Einsamkeit ist in diesem Sinn eine Tugend, ein Instinkt zur Reinheit, die Macht und vieles mehr. Die Gefahr besteht bei der Einsamkeit, dass man nicht das notwendige Maß findet. Es schadet, wenn man sich zu viel oder zu wenig in der Einsamkeit aufhält. Der Imperativ „Werde, was du bist!" steht im Zentrum zwischen der Einsamkeit einerseits und dem In-der-Welt-Sein andererseits. Das „Werden" in der Aussage von Nietzsche ist als ein ständiges Werden anzuerkennen, welches nie in einem Sein stillsteht[201]. Darum ist für Zarathustra auch weder die Einsamkeit, noch ihr Gegenteil ein ausschließender Zustand, den man nicht mehr verlassen soll. Beide Teile gehören als Bestandteile des menschlichen Lebens zum Individuum dazu.

Zu denselben Schlussfolgerungen gelangt Herbert Röschl: „Pour ce qui est de Zarathoustra, le rôle de la solitude consistant à doter le sujet de force et de maturité, ce rôle ne peut être que de durée limitée"[202]. Nach der Meinung dieses Interpreten finden wir bei Zarathustra die Einsamkeit als Element des Lebens, das äußerst eng mit der Liebe zusammenhängt. Nun ist für das Individuum das Leben nicht ohne den Tod zu denken und darum wird die Einsamkeit der Kampfplatz, auf dem die beiden widerstreitenden Elemente sich treffen: Gemeint ist „le désir de vivre et le souhait de mourir"[203]. Auf den Dualismus von Leben und Tod hin im Kontext der Einsamkeit untersucht Röschl die einzelnen Figuren, mit denen Zarathustra in Kontakt kommt. Die Einsamkeit des Einsiedlers ist für Röschl ein Zustand, der nahe am Tod steht. Der alte Mann, den Zarathustra in der Hütte um Verpflegung bittet, ist schon durch seinen schlafähnlichen Zustand in die Einsamkeit des Todes übergegangen. Der bleiche Verbrecher konzentriert sich in der Einsamkeit, die ihm von der Gesellschaft aufoktroyiert wurde, auf Merkmale des Todes wie z. B. den Gedanken der Destruktion. Der Jüngling, der Zarathustra über den Weg läuft, lebt in der Einsamkeit als einem Zustand der

---

200 A. a. O. S. 543.

201 *Vgl.* a. a. O. S. 545.

202 Röschl, Herbert: Ebenda. S. 20.

203 A. a. O. S. 26.

permanenten Versuchung. Die Versuchung besteht in einem zu großen Gefühl der Hingezogenheit zur Gesellschaft. Der Wahnsinnige ist das Symbol einer Einsamkeit, die aus der Notwendigkeit des Hasses und der Abscheu entsteht. Im vierten Teil von Zarathustra erscheinen dann noch die Gestalten des Wahrsagers und des Zauberers – allesamt Vertreter der Einsamkeit als Todessehnsucht. Jeder dieser Charaktere spielt eine Rolle, trägt Masken und lebt in einer Einsamkeit, die sich wie weiter oben schon festgestellt als Todesmotiv in Opposition zu Zarathustras lebensspendender Einsamkeit stellt[204].

„The idea of solitude functions as a central category in Nietzsche's philosophy"[205], – davon ist Ofelia Schutte überzeugt, wenn sie an die Untersuchung der Einsamkeit des Zarathustra geht. Von dieser Überzeugung aus beginnt sie, die Sicht Nietzsches durch seinen Zarathustra auf moralische Werturteile der Gesellschaft freizulegen. Wie alle ihre Vorgänger, die eine Einsamkeitsbetrachtung bei Zarathustra getätigt haben, sieht sie in seiner Einsamkeit den Weg zum Übermenschen. Für sie ist eindeutig erwiesen, dass Nietzsche die Moral nur durch ein Individuum, welches in der Einsamkeit lebt, verändern lassen kann, wobei die Einsamkeit von einer weiter oben schon kennengelernten Gefährlichkeit ist. Zwei Aspekte hebt Schutte dabei heraus: „Solitude can function either as a healthy critique of social alienation (e.g., herd values) *or* as an expression of psychological alienation from a not-too-perfect world"[206]. Die Einsamkeit scheint für Schutte eine Maske zu sein, die über einen dreiteiligen Weg zu einer großen Distanz zur Welt mit den Menschen verhilft. Der erste Teil des Weges besteht aus der Suche nach authentischen Begleitern, der zweite Teil ist als Zustand der Depression beschrieben, während der dritte Teil besagte große Distanz zwischen dem Individuum und der Welt produziert[207].

Was nun interessant sein könnte und sich als neu entpuppt, ist die Feststellung, dass Zarathustra das Gefühl zugrunde liegt, durch welches er bemerkt, dass er als einsamer Denker die Fertigkeit verliert, seinen Bezug zur Welt zu bewerten. Von einem psychologischen Standpunkt aus beschreibt Schutte noch um einiges genauer die Bewegung der Einsamkeit bei Zarathustra:

> „Solitude turns into loneliness; loneliness seeks comfort in an uncritical justification of isolation; isolation turns into an extreme form of elitism; and fi-

---

204 *Vgl.* a. a. O. S. 29ff.-35.

205 Schutte, Ofelia: The Solitude of Nietzsche's Zarathustra. S. 209-222. In: Review of existential psychology and psychiatry. 1980. S. 209.

206 A. a. O. S. 213.

207 *Vgl.* a. a. O. S. 214.

nally, this elitism secures the alienation of the moral thinker from the rest of humankind"[208].

Es geht Zarathustra möglicherweise auch um die Überwindung seines eigenen Selbst, welches, wie schon aufgezeigt, besonders im vierten Teil des Werkes in eine Ausdifferenzierung von mehreren Persönlichkeiten zerfällt. Auch der Zwerg im Abschnitt über das *Gesicht und Räthsel* (*vgl.* Za III: 4,197) könnte als eine solche Abspaltung vom „Ich" anerkannt werden. Zarathustra tendiert natürlich dazu, diese „Fragmentiertheit" des Ichs, was übrigens ein sehr moderner Gedanke ist, der z. B. in der Psychoanalyse bei Jacques Lacan auftaucht, zu einem einzelnen „Unteilbaren" zu machen, das sich im Willen affirmiert. Wichtig ist, dass dieses Individuum das „Ich will!" aussprechen kann, ohne dabei von einem ständigen Wanken seiner verschiedenen Teile des Selbst gestört zu werden. Schuttes Ansatz mündet in einer Konklusion, die in Zarathustras Einsamkeit ein Labyrinth erkennt, welches beinahe alle möglichen Erfahrungen der Einsamkeit in sich birgt. Dieser Weg führt nicht zur Gesellschaft und neuen moralischen Regeln, sondern wird für Zarathustra zur Entfremdung. Einer Entfremdung, die vielleicht auch jene von Nietzsche war, die in ihm zeit seines Lebens Anstoß erregte, wie er bei den Menschen durch seine Schriften Anstoß erregte.

Beatrix Himmelmann versucht die Einsamkeit im „Also sprach Zarathustra" als den Versuch Nietzsches zu deuten, die „Göttlichkeit des Menschen" zu erproben.[209] Da Gott tot ist, muss nun der Begriff des souveränen Menschen an die Stelle Gottes treten. In unterschiedlichen Möglichkeiten stellt Nietzsche nach Himmelmann den Versuch an, sich diese Situation vorzustellen. Da diese Realisation Zarathustra in den verschiedenen Zugängen verwehrt bleibt und die Suche nach Gefährten für Zarathustra erfolglos verlaufen ist, ist die logische Konsequenz daraus, dass sich dieser zum Schluss wieder in seine Einsamkeit zurückzieht.[210] Zu dieser mehr teleologischen Erklärung der Einsamkeit im Zarathustra gesellt sich Achim Geisenhanslükes Intention, biographische Elemente bei Nietzsche unter der Perspektive des Werkes „Also sprach Zarathustra" zu präsentieren. Da für ihn die „Mitteilungsproblematik", von der Zarathustra in allen Teilen des Werkes geprägt wird, besonders hervorsticht, bringt er diese mit den Schwierigkeiten von Nietzsche selbst, sich in der Öffentlichkeit mit seinem Denken Gehör zu verschaf-

---

208 A. a. O. S. 216.

209 *Vgl.* Himmelmann, Beatrix: Geprobte Göttlichkeit: Einsamkeit und Souveränität des Menschen nach Nietzsches Zarathustra. S. 143 – 157. In: Villwock, Peter (Hrsg.): Nietzsches „Also sprach Zarathustra". 20. Silser Nietzsche-Kolloquium 2000. – Basel: Schwabe & Co. AG. 2001. S. 147ff.

210 *Vgl.* a. a. O. S. 156f.

fen, in Beziehung. Geisenhanslüke spricht dabei von einer literarischen Selbstbehauptung, die er bei vielen anderen Autoren neben Nietzsche auch zu erkennen vermeint.[211]

Nach diesen letzten Ausführungen, die nochmals unter verschiedenen Voraussetzungen und Perspektiven Formen der Einsamkeit bei Friedrich Nietzsche erkennbar machen, endet nun die Auseinandersetzung mit diesem Thema hier. Dieses Kapitel, selbst schon irgendwo Höhepunkt und Konklusion in Bezug auf die Einsamkeit in einem lebensphilosophischen Kontext, grenzt nun an den letzten Teil dieser Arbeit, den eine Konklusion darstellen muss, an. Da beinahe alle Elemente, die in diesem Werk erarbeitet und diskutiert wurden, wieder bei Zarathustra aufgegriffen werden, stellt nun die Konklusion nicht nur eine reine Wiederholung aller angeführten Punkte dar, sondern eine mögliche Positionierung der Einsamkeit auf dem Kreuzpunkt von Psychologie, Philosophie und Literaturwissenschaft im Zusammenhang mit Nietzsche.

---

211 *Vgl.* Geisenhanslüke, Achim: Kryptische Artistik. Einsamkeit und Selbstbehauptung in Friedrich Nietzsches Also sprach Zarathustra. S. 106 – 121. In: Goebel, Eckart und Lämmert, Eberhard (Hrsg.): „Für viele stehen, indem man für sich steht". Formen literarischer Selbstbehauptung in der Moderne. - Berlin: Akademie Verlag. 2004.

Konklusion

Das in der Einleitung angeführte Ansinnen, dass die Bedeutung der Einsamkeit für Nietzsche selbsterklärend durch die Thematiken dieses Buches freigelegt werden soll, scheint gelungen zu sein. Natürlich ist die Einsamkeit als Begriff im Vergleich zu anderen wichtigen Begriffen im Denken Nietzsches verhältnismäßig unterrepräsentiert, trotzdem aber bietet die Einsamkeit die meiner Ansicht nach äußerst fruchtbringende Möglichkeit, neben dem philosophischen Werk des Denkers auch seine Korrespondenz und sein Leben im engen Rahmen einer Untersuchung zu berücksichtigen. Durch diesen Zugang haben sich einige neue Aspekte ergeben, die vom philosophischen Denken Nietzsches in sein Leben zurückreichen und umgekehrt vom Leben in die Philosophie übergegangen sind. Nietzsches Intention war in diesem Sinne nicht zuletzt ein Versuch, eine der besonders in der Antike vorhandenen Aufgaben der Philosophie wieder aufleben zu lassen: die Suche nach einer geeigneten Art und Weise, wie das Individuum sein Leben meistern kann. Nietzsche bietet in Hinblick auf die Einsamkeit lebensphilosophische Erörterungen an, in denen sich in seinem Verständnis der Philosoph, der Künstler, kurz, das ausgezeichnete und auserwählte Wesen wiederfinden soll. Doch scheint es mir in dieser Konklusion sinnvoll zu sein, in geraffter Form die einzelnen Stationen der Einsamkeit bei Nietzsche nochmals zu erwähnen und zu vergegenwärtigen, damit ein Abschluss dieses Werkes und eine Schlussbetrachtung zustande kommen.

Der erste Teil der Untersuchung war als deskriptiver Teil intendiert, wo ein Versuch den Beginn bildete, bei Nietzsche das Wort „Einsamkeit" genau einzuordnen und zu sehen, ob Nietzsche die Einsamkeit als Begriff einerseits definiert und dadurch eingegrenzt hat und andererseits eine Abgrenzung von anderen Begriffen vorgenommen hat. An die Untersuchung der begrifflichen Fassung der Einsamkeit schloss eine Darstellung der einzelnen Metaphern der Einsamkeit bei Nietzsche an. Diese ließen sich an einer Verortung der Einsamkeit festmachen, in welcher einzelne Orte jeweils die Einsamkeit und/oder die Vereinsamung darstellen konnten. Wesentlich waren in dieser Hinsicht die Trennung von Höhe und Tiefe des Ortes und besagte binäre Struktur, die jeder Ort aufwies. Die Tiere wurden vorwiegend als Begleiter der Einsamkeit von Nietzsche/Zarathustra identifiziert, während die sieben Einsamkeiten eine Manifestation der Steigerung von Einsamkeitszuständen verkörperten und in einer letzten Einsamkeit gipfelten. Die schon bei den Metaphern der Einsamkeit vorhandene horizontale Bewegung der Einsamkeit wurde im darauffolgenden Kapitel genauer eruiert. Die Erkenntnis bei dieser Art der Bewegung war ein gewinnbringendes „Ineinanderfallen" von der negativen Einsamkeit (der Vereinsamung) und der positiven

Einsamkeit, die beinahe nach Belieben kombinierbar waren. Durch diesen Umstand hatte Nietzsche eine andere Bewegung benötigt, die auch als eine Perspektivenverschiebung verstanden werden konnte. Die Perspektive des Denkers verschob sich von einer funktionalen Einsamkeit vertikal in die Höhe und wurde zur Vogelperspektive, die als absolute Einsamkeit zu verstehen war. Mit der absoluten Einsamkeit als einem Idealzustand für das perfekte Wesen Nietzsches umging der Denker die Schwierigkeiten bei der horizontalen Bewegung.

Im zweiten Teil des Werkes als einem Teil, in dem die wichtigen Interpretationen zur Einsamkeit bei Nietzsche aufgegriffen wurden, machte ein biographischer Abschnitt den Anfang, der sowohl theologische als auch psychologische Ansätze diskutierte. Ins Zentrum der Betrachtung rückte die Abgrenzung Nietzsches des Individuums von der Freundschaft und der Gesellschaft, die sich grundsätzlich als eine Scheidung von Einsamkeit und Vielsamkeit herausstellte. In einem nächsten Schritt konnten die möglichen Formen der Äußerung der Einsamkeit über die Bewegung vom Schweigen zum Monolog und zum Gesang aufgezeigt werden, welche bei Nietzsche vorhanden war. In eine theologische Richtung ging die Untersuchung im Bezug auf den Tod Gottes als Feststellung Nietzsches, wodurch sich die Einsamkeit von einer vorher immer noch gegebenen Zweisamkeit mit Gott abspaltete. In Zusammenhang mit der „gottlosen" Einsamkeit war der Abschnitt über die pathologische Einsamkeit, in deren Richtung verschiedene Interpreten ihren psychologischen Zugang geleitet haben, aufschlussreich, wo das Verstummen im Hinblick auf die Einsamkeit als ein möglicher Ansatz deutbar war, der zusammen mit anderen Faktoren als Erklärung der geistigen Umnachtung bei Nietzsche verwendet werden konnte. Da Nietzsche die Einsamkeitsmotive einigermaßen konsequent in sein dichterisches Werk integriert hat, war es möglich auch von einem literaturwissenschaftlichen Standpunkt die Einsamkeit bei Nietzsche auf eine literarische Epoche einzugrenzen, die bei Nietzsche mit einer ambivalenten Haltung zur Epoche der Romantik festgelegt werden musste. Die umfangreichste Behandlung des Themas der Einsamkeit bei Nietzsche ist das Werk „Also sprach Zarathustra" gewesen und musste deshalb in einem gesonderten Kapitel eigens nochmals behandelt werden. Bei Zarathustra zeigten sich beinahe alle Einsamkeitsmotive und Bewegungen der Einsamkeit wieder und konnten dementsprechend als eine Zusammenfassung der Einsamkeitsproblematik verstanden werden, wie sie in den Werken Nietzsches nach dem Zarathustra nie mehr mit solcher Vehemenz vorkamen.

Durch meinen deskriptiven und interpretatorischen Zugang zur Problematik der Einsamkeit ist vor allem die Einsamkeit bei Nietzsche, aber wahrscheinlich zu wenig die Einsamkeit vor und nach diesem Philosophen verdeutlicht worden. Ohne einen historischen Zugang, welcher z. B. von Theo Meyer und Renate Möhrmann gewählt wurde, geht die Bedeutung der Einsamkeit im Kontext der Geschichte der Philosophie etwas verloren. Insbesondere der Aspekt der neuen Einsamkeit, die insofern neu ist, als sie das erste und einzige Mal zu einer absoluten Einsamkeit kulminiert, ist im historischen Kontext der Einsamkeitsbetrachtungen hervorzuheben. Von keinem Philosophen wurde jemals ein so radikaler Bruch mit der Vielsamkeit, der Gesellschaft und der Masse durch das Einsamkeitsmotiv herbeigeführt. Die Schwierigkeiten bei einer solchen Idealisierung der Einsamkeit liegen auf der Hand und sind in meinen Betrachtungen auch immer wieder zum Vorschein gekommen: Es besteht nämlich bei einer absoluten Einsamkeit die Gefahr der Vereinsamung des Individuums. Woher soll nämlich jemand, der über die Gesellschaft, ethische Normen und die Moral nachdenkt, seine Informationen bekommen, wenn er nur mehr in einer absoluten Einsamkeit im Unter-sich-Sein lebt? Die Probleme, die mit der absoluten Einsamkeit auftauchen, sind von Nietzsche erkannt worden und haben, wie die vielen Briefzitate andeuteten, die ich verwendet habe, ihren Niederschlag gefunden. Wo Nietzsche die Einsamkeit propagierte, hat er sie immer auch erlitten, um zum wiederholten Male den Titel des Kapitels über die Einsamkeit bei Erich Mende aufzugreifen. Das Erleiden der Einsamkeit hat Nietzsche zeit seines Lebens zu schaffen gemacht, wobei wir heute nicht mehr mit Sicherheit sagen können, ob das Umfeld oder Nietzsche selbst daran schuld waren. In den Untersuchungen zum Thema finden wir beide möglichen Ursachen behandelt.

Den Unterschied zwischen Einsamkeit und Vereinsamung zeigt Nietzsche immer wieder an und doch hält er bis zum Schluss an der Einsamkeit fest. Noch ein letztes Mal soll Nietzsche selbst in dieser Frage zu Wort kommen. Er schreibt in einem neuen Vorwort zur zweiten Auflage des Werkes „Menschliches, Allzumenschliches“ von der Einsamkeit: „Die Einsamkeit umringt und umringelt ihn, immer drohender, würgender, herzzuschnürender, jene furchtbare Göttin und mater saeva cupidinum – aber wer weiß es heute, was *Einsamkeit* ist? ...“. (MA I: 2,17). In Opposition zu dieser Feststellung stehen viele Aussagen von Nietzsche, wo ich nur jene herausheben möchte, die auch schon zitiert wurde: Nietzsche hat in einem Brief an Hippolyte Taine über sich geschrieben, dass er immer in einer vollkommenen Einsamkeit gelebt und nie unter der Vereinsamung gelitten hätte (*vgl.* KSB: 8,532). Um auf das erste Zitat zurückzukommen: Die Frage ist nun, ob wir jetzt besser wissen, „was Einsamkeit ist“. Ich denke schon, dass durch die Untersuchung der Einsamkeit bei Nietzsche einige neue und interessante Bestandteile für ein Verständnis von Einsamkeit allgemein verdeutlicht wurden. Selbstverständlich sind die Formen der Einsamkeit bei Nietzsche nicht als die einzigen Formen der Einsamkeit überhaupt zu verstehen, sondern müssen wiederum durch andere Formen bei anderen Philosophen, Psychologen oder, einfach gesagt, Menschen ergänzt werden.

Wenn ein Bezug der Einsamkeit zu unserer modernen Gesellschaft hergestellt werden soll, so ist es notwendig, auf die Klagen der modernen Einsamkeitsuntersuchungen hinzuweisen, die hauptsächlich auf den Verlust der Einsamkeitsfähigkeit in unserer Leistungsgesellschaft verweisen[212]. Es werden ganze Plädoyers für die Einsamkeitsfähigkeit geschrieben, sowie auf die Notwendigkeit einer Fähigkeit zum Alleinsein und Einsamsein gepocht, die dazu benötigt wird, um in der Gesellschaft bestehen zu können. Das wäre sozusagen die Umkehrung des gängigen Maßstabes, die Reife eines Individuums zu messen: Von dieser Reife, die als Ausdruck einer kontinuierlich besser werdenden Integrationsfähigkeit in die Gesellschaft zu verstehen ist, gehen die Erforscher der Einsamkeit über zu einer Reife, die sich erst in der Fähigkeit des Individuums zum Einsamsein bzw. dem Alleinsein äußert. Nietzsche hätte meiner Ansicht nach und nach den Erkenntnissen der vorliegenden Arbeit für die letztere, wohl auch viel schwierigere Fähigkeit plädiert. Mit dieser Behauptung entlässt der Schreiber dieses Werkes den Leser aus der, seiner Ansicht nach, positiven Einsamkeit des Lesens.

---

212 *Vgl.* Storr, Anthony: Solitudine. Il ritorno a se stessi. - Milano: Arnoldo Mondadori Editore S.p.a. 1989. S. 22 und S. 28ff.-42. Siehe auch Marquard, Odo: Plädoyer für die Einsamkeitsfähigkeit. S. 127ff. In: Walter, Rudolf (Hrsg.): Von der Kraft der sieben Einsamkeiten. - Freiburg im Breisgau: Herder. 1983.

Bibliographie

Primärliteratur

Nietzsche, Friedrich: Sämtliche Werke. Kritische Studienausgabe in 15 Bänden. Hrsgg. von Giorgio Colli und Mazzino Montinari. - München: Deutscher Taschenbuch Verlag. 1999 (1967-77 und [2]1988).

AC Der Antichrist. Fluch auf das Christenthum. Band 6 (1888).

BA Ueber die Zukunft unserer Bildungsanstalten. Band 1.

CV Fünf Vorreden zu fünf ungeschriebenen Büchern. Band 1.

DD Dionysos-Dithyramben. Band 6 (1888/89).

DS Unzeitgemässe Betrachtungen. Erstes Stück: David Strauss der Bekenner und Schriftsteller. Band 1 (1873).

EH Ecce homo. Wie man wird, was man ist. Band 6 (1889).

FW Die fröhliche Wissenschaft. Band 3 (1882/1887).

GM Zur Genealogie der Moral. Eine Streitschrift. Band 5 (1887).

IM Idyllen aus Messina. Band 3 (1882).

JGB Jenseits von Gut und Böse. Vorspiel einer Philosophie der Zukunft. Band 5 (1886).

M Morgenröthe. Gedanken über die moralischen Vorurtheile. Band 3 (1881).

MA I Menschliches, Allzumenschliches. Ein Buch für freie Geister. B. 1. Band 2 (1886).

MA II Menschliches, Allzumenschliches. Ein Buch für freie Geister. B. 2. Band 2 (1886).

SE Unzeitgemässe Betrachtungen. Viertes Stück: Richard Wagner in Bayreuth. Band 1 (1876).

WL Ueber Wahrheit und Lüge im aussermoralischen Sinne. Band 1 (1873).

Za I Also sprach Zarathustra. Ein Buch für Alle und Keinen. Band 4 (1883).

Za II Also sprach Zarathustra. Ein Buch für Alle und Keinen. Band 4 (1883).

Za III Also sprach Zarathustra. Ein Buch für Alle und Keinen. Band 4 (1884).

Za IV Also sprach Zarathustra. Ein Buch für Alle und Keinen. Band 4 (1885).

Nietzsche, Friedrich: Sämtliche Briefe. Kritische Studienausgabe in 8 Bänden. Hrsgg. von Giorgio Colli und Mazzino Montinari. - München: Deutscher Taschenbuch Verlag. 1986 (1975-84).

Sekundärliteratur

Bernstein, J. M.: Autonomy and solitude. S. 192-215. In: Ansell-Pearson, Keith: Nietzsche and Modern German Thought. - New York: Routledge. 1991.

Bonesio, Laura: L'azzurra solitudine. Per un'analisi dei motivi del cielo e del mare nell'ultimo Nietzsche. S. 242-257. In: Nietzsche - Verità - Interpretazione. Alcuni esiti della rilettura a cura di Aldo Monti. - Genova: Editrice Tilgher-Genova. 1983. (Convegno di Rapallo, 2.-4.XII.1981).

Del Caro, Adrian: Anti-Romantic Irony in the Poetry of Nietzsche. S. 372-378. In: Nietzsche-Studien, Internationales Jahrbuch für die Nietzsche-Forschung. Hrsgg. Ernst Behler/Mazzino Montinari/Wolfgang Müller-Lauter/Wenzel Heinz. Nr. 12. Jg. 1983. - Berlin/New York: Walter de Gruyter. 1982.

Earls, Kevin John: A commentary on Nietzsche's Zarathustra. A Dissertation presented to the Graduate School of Duquesne University. - Pittsburgh: 1974.

Fränkel, Jonas: Der große Einsame. S. 504-506. In: Die neue Rundschau, XVIIter Jahrgang der freien Bühne. 1. Band. - Berlin: S. Fischer Verlag. 1906.

Geisenhanslüke, Achim: Kryptische Artistik. Einsamkeit und Selbstbehauptung in Friedrich Nietzsches Also sprach Zarathustra. S. 106 – 121. In: Goebel, Eckart und Lämmert, Eberhard (Hrsg.): „Für viele stehen, indem man für sich steht". Formen literarischer Selbstbehauptung in der Moderne. - Berlin: Akademie Verlag. 2004.

Halévy, Daniel: Solitude de Nietzsche (1885). S. 71-103. In: Hier et Demain. N° 1. Explication de la Deuxième République par Adrien Dansette. - Paris: 1942.

Harper, Ralph: The Seventh Solitude. Man's Isolation in Kierkegaard, Dostoevsky and Nietzsche. – Baltimore/Maryland: The John Hopkins Press. 1965.

Himmelmann, Beatrix: Geprobte Göttlichkeit: Einsamkeit und Souveränität des Menschen nach Nietzsches Zarathustra. S. 143 – 157. In: Villwock, Peter (Hrsg.): Nietzsches „Also sprach Zarathustra". 20. Silser Nietzsche-Kolloquium 2000. – Basel: Schwabe & Co. AG. 2001.

Hutter, Horst: Shaping the future: Nietzsche's new regime of soul and its ascetic practices. – Lanham u.a.: Lexington Books. 2006.

Lämmert, Eberhard: Nietzsches Apotheose der Einsamkeit. S. 47-69. In: Nietzsche-Studien, Internationales Jahrbuch für die Nietzsche-Forschung. Hrsgg. Ernst Behler/Mazzino Montinari/Wolfgang Müller-Lauter/Wenzel Heinz. Nr. 16, Jg. 1987. - Berlin/New York: Walter de Gruyter. 1986.

Marton, Scarlett: Silêncio, solidão. S. 79 - 105. In: Cadernos Nietzsche 9/2000.

Mende, Erich: Nietzsche und sein Gegensatz (Kapitel: Einsamkeit - propagiert und erlitten S. 89-99). - Cuxhaven/Dartford: Traude Junghans Verlag. 1997. (Nietzscheana Band 9).

Meyer, Theo: Das Problem der Einsamkeit. S. 41-84. In: JTLA (Journal of the Faculty of Letters, the University of Tokyo, Aesthetics). Band 15. - Tokyo: 1990.

Meyer, Theo: Nietzsche: Kunstauffassung und Lebensbegriff. - Tübingen: A. Francke Verlag. 1991.

Petit, Henri: Nietzsche devant les temoins de sa solitude. S. 2-3. In: Les Nouvelles Littéraires: Lettres - Arts - Sciences - Spectacles. Nr. 1667 (13.08.1959). - Paris: 1959.

Rauh, Manfred: Die Einsamkeit Zarathustras. Eine Untersuchung des 4. Teiles von Friedrich Nietzsches „Also sprach Zarathustra". S. 55-72. In: Zeitschrift für Religions- und Geistesgeschichte. Hrsgg. Benz, E. und Schoeps, H. J. Band 21. - Köln: E. J. Brill-Verlag. 1969.

Röschl, Herbert: Nietzsche et la solitude. Traduit de l'allemand de A. Quinot. – Manosque: Société Française d'Études Nietzschéennes. 1958.

Rothe, Werner: Die Flucht in die Einsamkeit. S. 69-71. In: Der Eigene. Ein Blatt für männliche Kultur. Jg. 11. Nr. 3. - Berlin/Friedrichshagen: 1926.

Royo Hernández, Simón: Nihilismo y desierto en Nietzsche: Wildnis, Öde, Einöde, Einsamkeit, Wüsten. In: Arenas-Dolz, Francisco / Giancristofaro, Luca und Stellino, Paolo (Hrsg.): Nietzsche y la hermenéutica. – Valencia: Nau Llibres. 2007.

Salin, Edgar: Vom deutschen Verhängnis. Gespräch an der Zeitwende: Burckhardt – Nietzsche. – Hamburg: Rowohlt Taschenbuchverlag. 1959.

Schutte, Ofelia: The Solitude of Nietzsche's Zarathustra. S. 209-222. In: Review of existential psychology and psychiatry. 1980.

Tellenbach, Hubertus: Nietzsches Aufgeriebenwerden durch unauflösbare existentielle Antinomien. S. 38-52. In: Daseinsanalyse: Zeitschrift für phänomenologische Anthropologie und Psychotherapie. Band 10. - Basel: S. Karger Verlag. 1993.

Van Ness, Peter H.: Nietzsche on Solitude: The Spiritual Discipline of the Godless. S. 346–358. In: Philosophy today. Band 32. - Chicago: 1988.

Van Tongeren, Paul J. M: Vriendschaap, eenzaamheid en zelfkennis. S. 122-126. In: Wijsgerig perspectief op maatschappij en wetenschap: een tweemaandelijks tijdschrift. Jg. 34. Heft 4. - Meppen: 1993/1994.

Wall, Ralph: In der Höhle des Innerlichen. Über den Zusammenhang von selbstinduzierter Einsamkeit und körperlich-sexueller Problemlage bei Nietzsche und Rousseau. - Aachen: Karin Fischer Verlag. 1998.

Zittel, Claus: Abschied von der Romantik im Gedicht. Friedrich Nietzsches „Es geht ein Wandrer durch die Nacht". S. 193-206. In: Nietzscheforschung. Band 3. – Berlin: Akademie Verlag. 1995.

Sonstige Werke

Assmann, Jan und Assmann, Aleida (Hrsg.): Einsamkeit. - München: Wilhelm Fink Verlag. 2000. (Archäologie der literarischen Kommunikation VI).

Buber, Martin: Das Problem des Menschen. - Heidelberg: Lambert Schneider GmbH. [5]1982.

Dietrich, Georg: Der einsame Mensch in der Dichtung. Literaturpsychologie der Einsamkeit und der Einsamkeitsbewältigung. - Regensburg: S. Roderer Verlag. 1989.

George, Stefan: Der siebente Ring. Band 6/7 der gesammelten Werke. - Berlin: Georg Bondi. 1931.

Heidegger, Martin: Nietzsche. Band 1. GA 6/1. – Frankfurt am Main: Vittorio Klostermann GmbH. 1996.

Heidegger, Martin: Logik als Frage nach dem Wesen der Sprache. GA 38. – Frankfurt am Main: Vittorio Klostermann GmbH. 1998.

Huch, Ricarda: Der Sinn der heiligen Schrift. S. 337-624. In: Schriften zur Religion und Weltanschauung. Gesammelte Werke hrsgg. von Wilhelm Emrich. Band 7. - Köln/Berlin: Kiepenheuer & Witsch. 1968.

Janz, Curt Paul: Friedrich Nietzsche. Biographie in drei Bänden. 2., revidierte Auflage: - München/Wien: Carl Hanser Verlag. [2]1993.

Jaspers, Karl: Nietzsche. Einführung in das Verständnis seines Philosophierens. - Berlin/Leipzig: Walter de Gruyter. 1936.

Klossowski, Pierre: Un si funeste désir. - Paris: Gallimard. 1963.

Mettler-von Meibom, Barbara (Hrsg.): Einsamkeit in der Mediengesellschaft. – Münster: Lit-Verlag. 1996.

Möhrmann, Renate: Der vereinsamte Mensch. Studien zum Wandel des Einsamkeitsmotivs im Roman von Raabe bis Musil. 2., durchgesehene Ausgabe. Bonn: Bouvier Verlag Herbert Grundmann. [2]1976.

Müller-Lauter, Wolfgang: Über Werden und Wille zur Macht. Nietzsche-Interpretationen I. - Berlin/New York: Walter de Gruyter. 1999.

Ottmann, Henning (Hrsg.): Nietzsche-Handbuch. - Stuttgart/Weimar: J. B. Metzler Verlag. 2000.

Parpert, Friedrich: Philosophie der Einsamkeit. - München: Reinhardt. 1955.

Paz, Octavio: El laberinto de la soledad. - México: Fondo de Cultura Económica. 1959.

Ross, Werner: Der ängstliche Adler. Friedrich Nietzsches Leben. - Stuttgart: Deutsche Verlags-Anstalt. 1980.

Saner, Hans: Einsamkeit und Kommunikation. Essays zur Geschichte des Denkens. - Basel: Lenos Verlag. 1994.

Schlaffer, Heinz: Das Dichtergedicht im 19. Jahrhundert. S. 297-335. In: Jahrbuch der Deutschen Schillergesellschaft. Band 10. - Stuttgart: Alfred Kröner Verlag. 1966.

Schwab, Reinhold: Einsamkeit. Grundlagen für die klinisch-psychologische Diagnostik und Intervention. - Bern: Verlag Hans Huber. 1997.

Sperber, Manès: Geteilte Einsamkeit. Der Autor und sein Leser. - Wien/München/Zürich: Europaverlag. 1985.

Storr, Anthony: Solitudine. Il ritorno a se stessi. - Milano: Arnoldo Mondadori Editore S.p.a. 1989.

Tebartz-van Elst, Anne: Ästhetik der Metapher. Zum Streit zwischen Philosophie und Rhetorik bei Friedrich Nietzsche. – Freiburg/München: Verlag Karl Alber. 1994.

Tillich, Paul: The courage to be. - Yale: Yale University Press. 1952. (^{2}2000).

Usinger, Fritz: Geist und Gestalt. Aufsätze. - Dessau: Karl Rauch Verlag. 1941.

Walter, Rudolf (Hrsg.): Von der Kraft der sieben Einsamkeiten. - Freiburg im Breisgau: Herder. 1983.

Zeitfracht Medien GmbH
Ferdinand-Jühlke-Straße 7
99095 Erfurt, Deutschland
produktsicherheit@kolibri360.de